새로운 세상을 위한 교육

새로운 세상을 위한 교육

초판 1쇄 발행   2020년 6월 20일

원제   Education For A New World(1947)
지은이   마리아 몬테소리
옮긴이   정명진
펴낸이   정명진
디자인   정다희
펴낸곳   도서출판 부글북스
등록번호   제300-2005-150호
등록일자   2005년 9월 2일

주소   서울시 노원구 공릉로 63길 14(하계동 청구빌라 101동 203호)
           (01830)
전화   02-948-7289
전자우편   00123korea@hanmail.net
ISBN   979-11-5920-128-8 03370

Education For A New World

새로운 세상을 위한 교육

마리아 몬테소리 지음   정명진 옮김

차례

1장

서론

이 책의 목적은 아이들이 가진 위대한 힘들에 대해 상세하게 설명하고 그 힘들을 지키는 데에 있다. 또 교사들이 자신의 임무에 대해 새로운 관점을 갖도록 도와주는 것도 목적에 포함된다. 교사들이 새로운 견해를 갖게 되면, 그들의 임무가 고된 일에서 즐거운 일로 변하고, 자연을 억압하던 것이 자연과 협력하는 것으로 변하게 된다.

우리가 살고 있는 세상은 현재(1940년대 후반) 갈가리 찢어진 상태이며, 따라서 재건을 필요로 하고 있다. 이 재건에 가장 중요한 요소가 바로 교육이며, 사려 깊은 사람들은 대체로 종교로의 복귀 못지않게 교육의 강화를 권하고 있다.

그러나 인류는 그렇게나 간절히 갈망하는 진화를 이룰 준비가 아직 되어 있지 않다. 말하자면, 전쟁을 제거하고 평화롭고 조화로운 사회를 건설할 준비가 되어 있지 않다는 뜻이다.

인간들은 사건들을 지배할 만큼 충분히 교육되어 있지 않다. 따라서 인간들은 사건들의 희생자가 되고 있다. 고귀한 사상과 훌륭한 의견이 끊임없이 제기되었지만, 그럼에도 전쟁은 결코 사라지지 않았다.

교육이 단순히 지식을 전달하는 데서 그치는 옛날 방식을 그대로 답습한다면, 문제는 해결 불가능하고, 따라서 세상엔 희망이 조금도 없을 것이다. 인간 성격을 과학적으로 탐구하는 노력만이 우리에게 구원을 안겨줄 수 있다.

지금 우리 앞에 서 있는 아이의 내면세계에 주목해야 한다. 아이의 안에 있는 그 정신적 실체는 제대로 이용하기만 하면 진정으로 세계를 바꿔놓을 힘이 될 것이다. 어떤 방식으로든 구원과 도움이 세상에 오게 되어 있다면, 그것은 반드시 아이에게서 오게 되어 있다. 이유는 아이들이야말로 인간의 건설자이고 사회의 건설자이기 때문이다. 아이는 인류를 보다 밝은 미래로 이끌 수 있는 내면의 힘을 부여받고 있다.

교육은 더 이상 지식을 전달하는 선에서 그쳐서는 안 되며 인간의 잠재력을 끌어낼 수 있는 새로운 길을 찾아야 한다. 그렇다면 그런 교육은 언제 시작되어야 하는가? 이에 대한 우리의 대답은 인간의 인격의 위대성은 출생할 때부터 시작되며, 인간의 인격은 아무리 신비해 보일지라도 실질적인 실체들로 충만한 하나의 긍정이라는 것이다.

신생아의 정신적 삶은 이미 많은 관심을 불러일으켰다. 과학자들과 심리학자들은 생후 3시간에서 5일 된 아이들을 중점적으로 관찰했다. 이 과학자들과 심리학자들의 결론은 삶의 첫 2년이 가장 중요하다는 것이다. 관찰은 자그마한 아이들이 특별한 정신적 힘들을 갖고 태어난다는 것을 증명하고 있으며, 아울러 그 힘들을 자연과의 협력을 통해서 끌어낼, 새로운 길의 방향까지 가리키고 있다.

아이의 건설적인 에너지는 대단히 역동적이고 생생함에도 불구하고 수천 년 동안 알려지지 않은 상태로 묻혀 있었으며, 그 에너지는 정신적 보물을 품고 있는 광산이나 마찬가지다. 그것은 이 땅을 처음 밟았던 인간들이 땅 속 깊은 곳에 숨어 있던 엄청난 자원을 몰랐던 것과 다를 바가 없다.

인간은 아이의 정신 세계에 묻혀 있는 자원을 파악할 생각조차 하지 않았으며, 따라서 처음부터 아이가 가진 그런 소중한 에너지들을 짓눌러 파괴해 버렸다. 지금에서야 몇몇 사람들이 처음으로 아이들의 정신 세계에 위대한 에너지가 존재하는 것이 아닌가, 하고 의문을 품기 시작하고 있다. 지금까지 한 번도 이용되지 않은 그런 보물에, 황금보다 더 소중한 보물에, 다시 말해 인간의 영혼에 관심을 기울이려 하고 있는 것이다.

아이들을 대상으로 삶의 첫 2년 동안을 관찰한 연구들은 정신의 건설에 관한 법칙들을 새로이 밝혀냈다. 그 관찰에서 어린 시절의 정신 세계는 성인의 심리와 완전히 다르다는 것이 확인되었다. 그래서 여기서 새로운 길이 시작되고 있으며, 그 길에서는 선생이 아이를 가르치는 것이 아니라 아이가 선생을 가르치게 될 것이다.

이 말이 터무니없이 들릴지 모르지만, 진리가 밝혀짐에 따라 아이는 지식을 흡수하는, 따라서 스스로를 가르치는 그런 유형의 정신을 갖고 있다는 것이 더욱 분명해졌다. 이 같은 사실은 아이가 언어를 습득하는 과정에 쉽게 증명된다.

말을 배우는 것이야말로 대단히 지적인 성취이지 않은가. 그런데도 두 살 된 아이는 아무도 가르쳐주지 않아도 부모의 언어를 말한다. 이 현상을 연구한 사람들은 모두 아이가 삶의 어느 시기에 자신의 환경과 연결되는 이름과 단어들을 이용하기 시작하고 곧 모든 불규칙 변화를 활용하고 문장을 만든다고 말한다. 그런데 말을 배우는 일은 훗날엔 모국어가 아닌 언어를 배우는 성인 학생에게도 큰 장애가 되는 것으로 확인된다. 그렇다면 아이의 내면에 아주 정확하고 매우 꼼꼼한 선생이 한 사람 있다고 할 수 있다. 이 선생은 아이의 안에서 심지어 시간표까지 지키면서 3년이 지나면 이미 성인이 60년 동안 힘들여 노력해야 습득할 수 있을 정도로 많은 것을 배운 그런 존재를 낳는다. 심리학자들은 세 살짜리 아이가 배운 것을 성인이 배우려면 그 정도의 세월이 걸린다고 말한다.

게다가 과학적 관찰은 교육은 선생이 전하는 것이 아니라는 점을 확실히 밝혔다. 교육은 인간 개인이 스스로 이룩해가는 자연적인 과정인 것이다. 또 교육은 말을 들음으로써 습득되는 것이 아니라 환경 속에서 직접 경험을 통해서 습득하는 것이다. 선생의 임무는 문화적인 행위를 일으킬 일련의 동기들을 특별한 환경 속에 미리 준비해놓고는 방해나 다름없는 간섭을 최대한 자제하는 것이다.

인간의 선생들은 하인들이 주인을 돕듯이, 단지 수행되고 있는 위대한 과업을 도와줄 수 있을 뿐이다. 그렇게 하면서, 선생

들은 인간 영혼이 펼쳐지는 현장을 지키는 목격자가 될 것이며,
또 신(新)인류가 생겨나는 것을 지켜보는 목격자가 될 것이다.
사건들의 희생자가 아니라 인간 사회의 미래를 이끌고 다듬어
나갈 비전을 뚜렷이 가진 그런 인간 말이다.

2장

몬테소리 방법의 발견과 발달

교육에 개혁이 이뤄진다면, 그것은 어디까지나 아이들을 근거로 해야 한다. 루소(Jean-Jacques Rousseau)나 페스탈로치(Johann Heinrich Pestalozzi), 프뢰벨(Friedrich Froebel) 같은 과거의 위대한 교육자들을 연구하는 것으로는 더 이상 충분하지 않다. 그런 식으로 접근하던 시대는 이제 끝났다.

더욱이 나는 나 자신이 이 세기의 위대한 교육자라는 칭송을 듣는 데도 반대한다. 왜냐하면 내가 한 것이라곤 단지 아이를 연구하고, 아이가 나에게 주는 것을 받아들이고 표현하는 것이 전부이기 때문이다.

몬테소리 방법이라고 불리는 것은 바로 그런 것이다. 기껏해야 나는 아이의 해설자에 지나지 않는다. 나의 경험은 내가 도와주려 노력했던 결함 있는 아이들을 상대로 의학적, 심리학적 연구를 시작한 때부터 지금까지 40년에 이른다.

그 결과, 결함을 안고 있는 것으로 여겨지는 아이들도 아이들의 잠재의식적 정신과의 협동이라는 새로운 관점에서 접근하기만 하자 많은 것을 할 수 있는 능력을 갖춘 것으로 확인되었다. 그리하여 이탈리아 로마의 일부 빈민 지역에서 3세를 넘긴 아이들을 대상으로 '어린이들의 집'을 시작하게 되었다.

이 어린이집을 방문한 사람들은 4세 된 아이들이 글을 쓰고 읽는 것을 발견하고는 깜짝 놀랐으며, 아이에게 "글 쓰는 걸 누가 가르쳐 주었니?"라고 묻곤 했다. 그러면 아이는 그 질문이 이상하다는 듯 그 어른을 올려다보며 이렇게 대답하곤 했다. "가르쳐 줬다고요? 아무도 나에게 글 쓰는 것을 가르쳐주지 않았어요. 내가 배웠어요."

언론 매체들이 이 같은 "문화의 자연스런 습득"에 관한 글을 싣기 시작했고, 심리학자들은 이 아이들이 특별한 재능을 가진 아이일 것이라고 믿었다. 한동안은 나도 그런 믿음을 가졌지만, 실험을 확대하자 곧 모든 아이들이 이런 힘을 소유하고 있다는 사실이, 또 가장 소중한 시기들이 낭비되고 있고, 교육은 6세를 넘긴 뒤에나 가능하다는 잘못된 생각 때문에 아이의 발달이 크게 저지당하고 있다는 사실이 확인되었다.

읽기와 쓰기는 문화의 기본적인 사항이다. 왜냐하면 이런 능력들을 갖추지 않은 경우에 다른 것들을 습득하는 것이 불가능하기 때문이다. 읽기와 쓰기는 구어만큼 자연스럽지 않다. 특히 쓰기는 일반적으로 아주 재미없는 일로 여겨지면서 오직 나이가 많은 아이들에게만 가능한 것으로 생각되고 있다.

그러나 나는 결함을 가진 아이들을 대상으로 실시한 실험들을 정상적인 아이들에게 그대로 실시하면서 4세짜리 아이에게 알파벳으로 쓴 편지를 주었다. 그 결과, 나는 서로 많이 다른 글자를 매일 하나씩 제시하는 행위는 아이들에게 아무런 인상을 남기지 못한다는 사실을 발견할 수 있었다.

그러나 내가 나무 판 위에 글자를 홈이 나게 파서 아이들에게 주면서 손가락으로 홈을 따라 글자를 그리게 하자, 아이들은 즉시 글자를 배울 수 있었다. 심지어 결함이 있는 아이들도 이 도구를 이용하는 경우에 어느 정도 시간이 지나면 글을 약간 쓸 수 있게 되었다. 그래서 나는 아직 완전히 발달하지 않은 아이들에겐 촉각이 큰 도움이 된다는 사실을 깨달았다. 나는 그런 아이들이 손가락 끝으로 글자 모양을 따라 만질 수 있는 글자판을 만들었다.

정상적인 아이들에게 이 같은 보조 도구를 주자 꽤 뜻밖의 현상이 나타났다. 그 글자판들을 아이들에게 준 것이 9월 하순이었는데, 아이들이 그해에 크리스마스카드에 글을 적는 것이 아닌가! 그런 속도는 상상조차 하지 않았던 것이었다.

더욱이 아이들은 글자와 소리를 연결시키면서 글자들에 관한 질문을 던지기 시작했다. 아이들은 알파벳 전체를 흡수하는 작은 기계 같았다. 마치 아이들의 정신에 알파벳을 빨아 당기는 진공청소기가 있는 것처럼 느껴졌다.

이것은 정말로 놀라운 일이었지만, 그럼에도 그에 대한 설명은 쉽다. 글자들은 아이의 정신에 이미 들어 있는 언어를 구체적으로 보여주면서 아이가 자신의 말을 분석하도록 돕는 자극제의 역할을 했다. 아이가 몇 개의 글자만을 소유하고 있을 때, 그때 만약에 아이가 자신이 나타낼 수 있는 소리 외의 소리를 포함하고 있는 어떤 이름에 대해 생각한다면, 아이가 그 소리에 대해 물으며 찾는 것은 너무나 당연했다.

아이의 내면에는 더 많은 지식을 갈구하는 그런 충동이 있었으며, 아이는 자신이 말할 줄 아는 단어들을 지껄이면서 온 곳을 돌아다녔다. 단어가 아무리 길고 어려울지라도, 아이는 선생이 한번 구술하고 나면 미리 준비된 박스에서 필요한 글자들을 골라냄으로써 그 단어를 표현할 수 있었다.

선생이 아이 옆을 지나치면서 빠른 속도로 단어 하나를 말한 다음에 다시 돌아오면 아이가 글자를 갖고 그 단어를 맞춰놓는 것이 확인되었다. 일곱 살을 넘은 아이도 그 단어를 정확히 이해하려면 여러 차례 되풀이해야 했을 것임에도, 이 네 살짜리 아이들은 한 번으로 충분했다.

이런 놀라운 결과가 나타나는 것은 틀림없이 감수성이 특별히 예민한 시기 때문이다. 이 시기의 정신은 말랑말랑한 밀랍과 비슷하며 외부 인상에 아주 민감하다. 훗날 이 특별한 유연성이 사라지게 되면, 어린 시절에 강하게 각인되었던 인상도 더 이상 특별하게 다가오지 않는다.

아이의 내면에서 작업이 추가로 지속되는 결과 나타나는 것이 글쓰기 현상이다. 글자의 소리를 바탕으로 단어를 만드는 과정이 성취되면, 아이는 단어를 분석한 뒤에 장난감 글자를 갖고 그것을 외적으로 다시 표현해냈다.

아이는 장난감 글자를 거듭해서 만지기 때문에 글자의 형태를 알게 되었다. 그러다 보면 어느 날 갑자기 글쓰기가 이뤄졌다. 글쓰기도 말을 갑자기 하게 될 때와 비슷한 폭발이었다. 그 메커니즘이 확립될 때, 말하자면 그 메커니즘이 성숙할 때, 언어 전체가 다 나타난다. 일반 학교에서 나타나는 것처럼 먼저 글자 하나가 나타나고 이어서 두 글자의 결합이 나타나는 식이 아니었던 것이다.

만약 글자 하나나 둘이 나타나면, 이어서 나머지가 한꺼번에 올 수 있다. 아이는 글을 쓰는 방법을 알고 있고, 따라서 전체 언어를 다 쓸 수 있다. 이제 아이는 글을 지속적으로 쓴다. 그것도 지긋지긋한 의무감에서 그러는 것이 아니라, 자신의 내면에서 일어나는 충동을 열정적으로 따르면서 그렇게 한다.

아이들은 손에 잡히는 것이 있으면 무엇이든 글쓰기에 이용했다. 분필을 갖고 땅바닥이나 벽에 글자를 쓰기도 한다. 글자를 쓸 만한 공간이 있으면 어디든 아이들이 글을 써도 괜찮은 곳인지 여부를 떠나서 글을 쓰고 있는 것이 목격될 것이다. 심지어 빵 조각에도 글을 쓰려고 드는 아이가 나올 것이다. 연필이나 종이가 없는, 배우지 못하고 빈곤한 아이들의 어머니들은 아이들이 필요로 하는 것을 구하러 우리 어린이집으로 왔다. 그러면 우리는 어머니들에게 필요한 것을 주었고, 아이들은 종일 글을 쓰며 놀다가 연필을 손에 쥔 채 잠이 들었다.

처음에 우리는 아이들에게 점점 좁게 줄이 쳐진 종이를 줌으로써 도움을 줄 생각이었지만, 아이들은 어떤 폭의 공간에도 똑같이 쉽게 글을 쓸 수 있다는 사실이 확인되었다. 일부 아이들은 글을 읽을 수 있는 범위 안에서 최대한 작게 쓰기를 좋아했다. 너무나 이상한 것은 그 아이들이 다른 학교의 3학년 학생들보다 더 아름답게 글을 썼다는 사실이다. 아이들 모두가 똑같은 글자를 손으로 건드렸고, 따라서 똑같은 형태가 그들의 '근육기억'에 각인되었기 때문에, 아이들의 글씨체는 다 비슷했다.

이 아이들은 글을 쓰는 방법은 알았지만 글을 읽는 방법은 아직 몰랐다. 이 같은 현상이 처음에는 특이하고 터무니없어 보였지만, 조금 깊이 생각해 보면 하나도 이상하지 않았다.

일반적으로 아이들은 먼저 읽기를 배우고 쓰기를 배우지만, 우리 아이들은 먼저 마음속으로 단어들을 분석한 다음에 글자를 옆에 하나씩 놓음으로써 그대로 재현했다. 이때 각 글자는 아이의 정신 안에 존재하고 있는 언어의 소리 하나와 결부된다.

글자와 언어 사이의 이런 연결은 아이의 감수성이 민감하던 시기에 일어났다. 언어는 스스로 증식했으며, 이제 언어는 말하기를 통해 입으로만 표현되는 것이 아니라 쓰기를 통해 손으로도 표현되었다.

그러나 아이는 아직 읽지 못했으며, 우리는 그것을 두고 인쇄된 글자와 글쓰기에 사용되는 필기체 사이의 차이가 장애로 작용하기 때문일 것이라고 생각했다. 우리는 이 어려움을 극복하기 위해서 다양한 형태의 글자들을 소개할 생각을 하고 있었다.

그런데 갑자기 아이들이 스스로 글을 읽기 시작했으며, 온갖형태의 인쇄된 글을 다 읽을 수 있게 되었다. 심지어 캘린더에 적힌 고딕체까지 읽을 수 있었다. 이것은 장난감 글자로 단어를 맞추려는 시도를 처음 시작하고 5개월 뒤의 일이었지만, 여기서도 마찬가지로 아이의 내면에서 어떤 충동이 작용하면서 아이가 그때까지 모르고 있던 글자들의 의미를 이해하려는 노력을 스스로 펴도록 했다.

그때 아이는 이상한 언어로 새긴 선사 시대의 비문을 연구하는 과학자들과 비슷한 일을 하고 있었다. 아이도 자신이 알지 못하는 기호들을 서로 비교하고 면밀히 관찰함으로써 거기서 어떤 의미를 끌어내고 있었던 것이다.

이로써 아이의 가슴에 새로운 불꽃이 하나 피어났다. 부모들은 아이들이 모든 가게 앞에서 걸음을 멈추고 간판에 적힌 글자의 의미를 알려고 드는 바람에 아이들과 함께 산책을 나가기가 무섭다고 불평했다. 이런 아이들은 만 5세가 되면 모든 책을 읽을 수 있었다.

　글쓰기처럼 쉽게 설명되지 않은, 문화의 또 다른 측면이 있다. 바로 수학 분야다. 우리는 수학을 3가지 관점에서 고려한다.

　1. 산술 – 숫자의 학문

　2. 대수 – 숫자의 추상화(抽象化)

　3. 기하학 – 추상의 추상화

　아이들과 함께 한 경험을 바탕으로, 우리는 아이들에게 거의 믿기지 않을 정도로 빠른 시기에 이 3가지를 한꺼번에 제시했다. 그 결과, 이 3가지를 결합시키는 것이 큰 도움이 되고 매우 효과적인 것으로 확인되었다.

　그런 방식의 접근은 우리가 그 주제를 하나의 기다란 막대기 위에 올려놓고 균형을 잡게 하는 것이 아니라 그것을 서로 밀접하게 결합되어 있어서 대단히 안정적인 3개의 강한 발 위에 올려놓는 것이나 마찬가지였다.

　예를 들면, 아이들에게 숫자를 제시하면서 그 숫자들을 기하학적인 모양으로 나누었으며, 수학적 자료들을 3가지 주제를 거의 동시에 제시하는 방향으로 준비했다. 어린 아이들은 숫자

공부와 숫자를 기하학적 모양으로 배치한 것에 특별한 호감을, 거의 열정에 가까운 관심을 보였다. 곧 이 숫자들과 숫자들 사이의 관계에 대한 추상화가 대수를 통해 이뤄질 수 있었다.

이것도 마찬가지로 놀랄 만한 일이었다. 왜냐하면 처음에 아이가 글쓰기에 보였던 그런 관심을 수학 쪽에 보이지 않았기 때문이다. 그러면 아이가 언어에 관심을 가질 수 있었지만 수학에는 관심을 갖지 않았다는 식으로 말하기 쉽다. 수학이 아이에게 너무나 따분하고 추상적일 것처럼 보이니까!

사실은 우리도 편견을 갖고 있었으며, 수학을 4가지 기본 규칙과 첫 10개의 숫자에 한정시켰다. 진리를 드러낸 것은 아이들이었다. 왜냐하면 나이가 더 많은 아이들, 그러니까 대여섯 살 된 아이들에게 십진법이 제시되었을 때 거기에 집착하면서 10까지의 숫자에 보이지 않았던 그런 뜨거운 열정으로 배운 것이 바로 이 아이들이었기 때문이다.

우리 모두가 크게 놀랐는데, 네 살 된 아이들도 이 문제에 접근하면서 그것을 흥미를 갖고 받아들였으며, 지금 세 살 된 아이들은 100만 단위가 걸린 계산도 이해한다. 우리는 그런 아이들에게 대수와 기하학을 소개해야 했다.

이런 것들이 아이들이 이해할 수 있는 자료를 통해 소개되기만 하면, 아이들은 그것을 재미있게 받아들인다. 3항식의 세제곱, 말하자면 $(a+b+c)^3$을 스스로 계산하고 있는 아이에게서 흥분이 확인되었다. 그 아이는 마음속으로 a와 b가 이용될 수 있는데 알파벳의 다른 글자들은 왜 이용되지 않는가 하고 언쟁을 벌이고 있었다. 아이는 제한을 좋아하지 않으니까!

이렇듯 섬광처럼 번쩍이며 일어나는 놀라운 발달은 언어처럼 전(前)단계를 갖고 있지 않다. 그 발달이 일어나기 전에 아이의 정신에서 그 발달의 시작이 발견되지 않는 것이다. 그래서 우리는 어린 나이에 수학 쪽으로 기우는 특별한 경향이 있다고 추론할 수 있다.

우리는 아이의 내면에서 관심뿐만 아니라 열정까지 일으키는 행위들이 아이에게 엄청난 정확성을 요구하는 그런 행위라는 것을 관찰했다. 또 동인이 복잡할수록, 아이가 보이는 열망도 더 커지는 것이 관찰되었다. 이 정확성은 움직임에서, 그러니까 일부 운동이 요구하는 정확한 몸짓에서뿐만 아니라 꽃이나 곤충을 공부하는 데도 나타났다.

아이의 정신에는 정확성과 디테일을 추구하는 경향이 있으며, 이것은 양(量)의 세부사항에도 적용될 수 있다. 산술은 일종의 추상 작용이며, 따라서 그 정확성을 추상적인 수준까지 끌어울린다. 아이는 자료에서 시작하여 추상적인 숫자로 넘어가고, 거기서 다시 대수의 보다 추상적인 단계로 넘어간다.

아이는 실질적인 분야와 추상적인 분야, 대수적인 분야에서 똑같이 정확성을 갖고 공부하며, 그것들에 매료되어 단위들의 작용을 깨달을 수 있게 된다. 우리는 위대한 철학자이며 물리학자인 파스칼(Blaise Pascal)의 도움으로 이런 결론에 이르고 있다. 숫자와 양에 깊이 빠졌던 파스칼은 인간의 정신은 수학적인 특징을 보이며 진보의 길은 이런 정신적 자질을 따라 이뤄진다고 강조했다.

이 진술은 대체로 환호를 불러일으킨다. 이유는 일반적인 선생들의 실제 경험에 따르면 모든 과목 중에서 수학이 인간의 정신에 가장 싫은 것처럼 보이기 때문이다.

지금 어린 아이들은 파스칼의 견해가 맞았다는 것을 증명하고 있다. 파스칼은 자신의 결론을 보다 깊이 파고들면서 인간의 전체 행위는 환경을 중심으로 발달했고, 또 이 행위는 점점 더 정확한 한계 안에 머물게 된다고 말했다. 이 정확성은 정신에 의해서만 성취될 수 있었으며, 동시에 정신은 이 수학적 자질을 갖추고 있다는 점을 증명했다.

역사에서 보듯이, 인간의 정신은 자신의 환경을 변화시키고 자기 주변의 사물들과 거기서 나오는 현상을 해석하는 일에 전념하고 있다. 이를 성취하기 위해선 주변의 사물들을 정확히 의식하고 정확성에 초점을 맞출 필요가 있다. 200년 전에, 정확성이라는 이 특성이 파스칼에 의해서 인간 정신의 근본적인 특징으로 확인되었다.

피로라는 중요한 문제와 관련해서, 여섯 살 미만의 아이는 놀라운 사실을 보여준다. 일반 학교들에서 그 나이의 아이는 쉽게 지치고, 따라서 아이들을 가르치는 것이 힘들어진다. 그래서 어린 아이를 가르치는 것이 잔인한 일처럼 보였으며, 자식을 사랑하는 부모는 오직 자기 아이가 자고 놀 수 있기만을 바란다. 그러나 아이들이 자고 노는 프로그램에 아주 지루해하면서 거기에 대한 반발로 온갖 종류의 버릇없는 행동을 보인다는 사실을 보여주는 신호들이 결코 부족하지 않다. 3세에서 6세 사이, 아니 그보다 더 어린 우리 아이들을 상대로 한 경험은 그 나이 때의 배움은 아이를 피곤하게 만들기는커녕 실제로 더 강하게 만든다는 점을 보여주었다.

공부라고 해서 전부가 피로를 안겨주는 것은 아니다. 예를 들어, 우리는 무엇인가를 먹을 때 턱과 치아, 혀를 바쁘게 움직이는데, 그런 일은 에너지의 재충전을 낳는다. 근육을 강하게 단련하기 위해선 당연히 근육을 운동시켜야 한다.

어린이들의 정신적 발달도 이와 조금도 다르지 않다. 아이들은 결코 피곤해 하지 않는 존재들처럼 보일 뿐만 아니라 지적 활동성을 유지함으로써 힘과 건강을 획득한다.

아이의 타고난 성향은 아이가 문화를 잘 흡수하도록 돕게 되어 있지만, 사회가 그 민감한 시기에 아이에게 놀이와 수면을 강요함으로써 아이를 정신적으로 포기하는 결과를 낳고 있다. 아이는 흡수하거나 활동적으로 움직이는 것을 멈출 수 없지만, 흡수할 것이 전혀 없는 경우라면 아이는 장난감으로 만족하는 수밖에 없다.

심리학자들은 아이는 놀아야 한다고 말한다. 아이가 놀이를 통해서 스스로 완전을 이룰 수 있기 때문이다. 또한 심리학자들은 아이가 특별한 어떤 환경을 흡수하여 과거와 미래 사이의 역사적 연결을 다듬어낸다는 점을 인정한다. 심리학자들은 우리 어른이 아이가 놀이와 삶을 통해서 현재를 흡수하는 것을 방해하지 않고 지켜보아야 하며, 아이가 스스로 궁리하도록 내버려 둬야 한다고 결론을 내린다.

하지만 아이가 장난감을 갖고 놀고 모래성을 짓도록 한다면, 그런 아이가 복잡한 세상 속에서 문화를 어떻게 흡수할 수 있겠는가? 그래서 이 심리학자들의 결론에는 모순이 있다. 흡수하는 단계에 있는 아이와 소통하는 것이 중요하다고 말하면서도 아이가 자신의 힘을 키우고 발달시키도록 하기 위해 아이를 놀도록 내버려둬야 한다고 주장하고 있으니 말이다.

놀이는 신비한 그 무엇으로 높이 평가받게 되었고, 신중하고 품위 있는 사람들은 모래성을 쌓고 있는 아이 앞에 서서 경탄하는 마음을 품는다. 그러나 세 살에서 여섯 살 사이에 문화를 쉽게 습득하는 타고난 경향이 있다면, 우리가 그 시기를 이용하면서 문화의 단계들을 전달할 수 있는 것들로 아이의 주변을 가꾸는 것이 꽤 논리적이다.

아이의 환경 안에 아이가 인간의 행위들을 모방할 수 있는 어떤 대상들이나 첫 번째 시기에 이룬 습득을 완전하게 다듬을 수단을 놓아둘 때, 우리는 아이가 오늘날의 복잡한 문화를 성취하도록 돕는 효과를 거둘 수 있다. 몬테소리 학교가 아이들에게 주는 장난감 중에는 인형이나 양철 병정, 검은 얼굴 인형 같은 것과 함께 팔리는 것은 전혀 없다.

아이들은 어떤 것을 더 선호할까? 몬테소리 학교의 도구를 주면, 아이들은 광적이라 여겨질 만큼 거기에 깊이 빠져든다. 아이 혼자서는 이해하거나 통달할 수 없는 환경 속에 던져진 이런 굶주린 정신들은 통달할 수단만 주어진다면 굶주린 사자처럼 그 수단에 몸을 던질 것이며, 자신들이 생존하는 데 필요한 것이면 무엇이든 집어삼키면서 지금까지 발달해 온 문명에 스스로 적응할 것이다.

아이의 내면에 있는 이런 위대한 힘을 보았고 그것이 인류에게 중요성을 지닌다는 것을 알게 되었기 때문에, 이제 우리는 그 힘을 세세하게 관찰하고 우리가 그것을 도울 수 있는 길이 어떤 것인지를 보아야 한다. 아이의 놀이에 대해 신비한 믿음을 가질 것이 아니라, 그 믿음을 아이 본인에게로 옮겨야 한다. 우리는 우리의 직관이 최근에 파악해낸 그 힘들을 이용할 실용적인 과학을 창조하기 위해 노력해야 한다.

3장

아이들의 시기 구분과
흡수하는 정신의 본질

새로운 인식이 생명력을 얻으면서 교육에 관한 예전의 모든 사상들을 변화시키고 있다. 학교는 더 이상 세상과 분리되어 있을 수 없으며, 아이도 사회적 접촉으로부터 보호될 수 없다. 생명을 적절히 보호하려면, 생명의 법칙에 대한 연구가 호의적인 분위기에서 이뤄져야 한다.

어린 아이들을 출생 첫 해부터 관찰한 심리학자들은 인간의 건설이 일어나는 것이 이 시기라는 사실을 발견했다. 심리학적으로 말하면, 출생할 때 거기에 아무것도 없다. 무(無)인 것이다. 정말로, 정신적으로만 무가 아니다. 출생할 때, 아이는 거의 무력하고 아무것도 하지 못한다.

그러나 조금 지나서 그 아이를 보라. 끊임없이 말하고, 걷고, 정복에 정복을 거듭하고 있다. 그러다 보면 아이는 위대함과 지성이 두드러진 인간으로 우뚝 선다.

아이의 이런 위대한 힘들이 마침내 나 이외의 과학자들의 관심을 끌게 되었지만, 사람들이 아이에게 걷고 말하는 것을 가르치는 사람이 어머니였다고 말한다는 점에서 보면, 그 힘들은 지금까지 모성애라는 망토 아래에 숨겨져 있었다.

그러나 걷고 말하는 것을 자발적으로 하는 것은 어머니가 아니라 아이 자신이다. 어머니가 낳는 것은 새로 태어난 아기이지만, 인간을 낳는 것은 이 아기이며, 어머니가 죽거나 아이의 성장에 필요한 모유를 주지 않더라도 아기는 인간을 낳는다.

아이의 모국어(mother-tongue)조차도 어머니에게서 나오는 것이 아니다. 왜냐하면 외국에 사는 부모에게서 태어난 아이도 자신의 환경 속에서 쓰는 언어를 정상적으로 쉽게 통달하기 때문이다. 자기 부모는 자신이 살고 있는 곳의 언어를 절대로 통달하지 못하는데도 말이다.

그렇다면 아이가 태어난 곳의 언어를 쉽게 습득하는 그 용이성은 물려받는 것이 아니다. 그것은 아버지나 어머니 때문이 아니며, 자신의 주변에서 발견하는 모든 것을 이용하면서 미래를 스스로 다듬어나가는 아이 때문이다.

아이들을 태어나서부터 대학 다닐 때까지 추적한 현대의 심리학자들에 따르면, 아이들이 발달하는 과정에 분명히 구분되는 시기들이 있다. 이 시기는 정말 신기하게도 육체적 발달의 다양한 단계와 맞아떨어진다. 시기마다 일어나는 변화가 너무나 크기 때문에, 어떤 심리학자들은 그 변화들을 뚜렷하게 강조하기 위해 다소 과장하면서 "성장은 출생의 연속이다."라고 표현했다.

삶의 어느 시기에 이르면, 마치 한 정신적 개인이 존재를 중단하고 또 다른 정신적 개인이 태어나는 것처럼 보인다. 이 시기들 중 첫 번째는 출생 때부터 6년까지이며, 이 기간에도 물론 차이는 두드러지게 나타나지만 정신의 유형은 똑같다.

이 기간도 두 개의 시기로 나눌 수 있다. 출생 때부터 3년까지, 3년부터 6년까지로 구분된다. 전자의 시기에 아이의 정신은 성인이 접근하지 못하는 그런 심리를 보여주는데, 이때엔 어른은 아이의 정신에 아무런 영향을 미치지 못한다.

그 다음이 3세에서 6세까지이며, 이 시기엔 정신적 실체가 접근 가능하기 시작하지만 그 접근도 어디까지나 특별한 방법을 통해서만 가능하다. 이 시기는 개인의 내면에서 중대한 변화가 일어나는 것이 특징이다. 그렇기 때문에 6세가 되면 아이는 대체로 학교에 입학할 정도로 충분히 지적인 것으로 통한다. 이 책에서 강조하고 있는 새로운 노선을 따르는 학교라면 아이가 그보다 훨씬 더 전에 입학할 수 있지만, 6세에 어떤 시기에 이른다. 젖니가 빠지는 등의 육체적 변화를 수반하는 시기이다.

6세에서 12세까지의 시기는 성장의 시기이지만 변형은 전혀 일어나지 않는다. 이 시기는 차분함과 양순함이 정상적인 특징이다. 12세에서 18세까지 세 번째 시기는 다시 정신적으로나 육체적으로 변형의 시기이다. 모든 국가의 공식적인 교육은 이 시기들의 실체에 대해 무의식적으로 인정하고 있다.

아이들이 6세에 초등학교에 입학하고, 새로운 정신적 단계가 시작되는 12세에 높은 학교로 옮겨간다. 이 세 번째 시기 동안에, 성격은 안정되지 못한다. 종종 무례한 행동과 반항 같은 것이 나타나지만, 일반 학교는 강의 계획을 따르고 반항아들을 처벌하면서 이런 반발을 무시하며 갈 길을 나아간다.

18세가 되면 공부 강도가 엄청나게 커지는 대학이 나타나지만, 학생들을 가르치는 방법에는 근본적인 차이가 거의 없다. 학생은 여전히 학위를 따기 위해 앉아서 들어야 하며, 학위는 종종 학생에게 쓰임새가 의문스런 것으로 드러난다. 육체적 성숙이 이뤄졌지만, 들으면서 공부하는 여러 해의 기간은 의지와 판단력을 갖춘 인간을 형성하지 못한다.

그런 탓에 그런 인간이 형성되어야 한다면, 실용적인 일과 경험을 통해 그런 형성을 성취하는 과정이 따로 필요하다. 그래서 뉴욕에서조차도 젊은 지식인들이 "일자리를 달라! 이러다 굶어죽겠다!"고 적은 팻말을 들고 행진을 벌이고 있다. 이것은 그들의 교육에 너무나 많은 돈을 들인 사회를 향한 중대한 비난이 아닐 수 없다.

많은 사상가들은 새로 태어난 아이의 무력함에 대해 깊이 생각하면서 너무나 높은 지성을 물려받은 존재인 인간이 어떤 동물도 겪지 않는 유아의 상태를 그렇게 오랫동안 힘들게 겪어야 하는 이유를 궁금해 했다. 많은 사상가들은 유아기에 무슨 일이 벌어지는지 질문을 던졌다.

그것은 틀림없이 창조의 작업이었다. 그렇게 보는 이유는 개인이 제로에서 시작하는 것처럼 보였기 때문이다. 새끼고양이가 불완전한 야옹 소리를 발달시키고 송아지와 새끼 새가 단순히 자신을 표현하는 수단을 강화하는 것과 달리, 아기의 내면에는 나중에 발달할 작은 목소리가 있는 것처럼 보이지 않는다.

인간 존재의 경우에만, 그것은 발달의 문제가 아니라 무(無)로부터 만들어내는 창조의 문제이다. 이것은 아이가 떼는 큰 걸음이며, 그런 걸음을 성인은 절대로 떼지 못한다.

이런 성취를 이루는 데는 성인의 정신과 다른 유형의 정신이, 다양한 힘들을 지닌 정신이 필요하다. 정말로, 아이의 이 창조는 사소한 성취가 절대로 아니다. 아이는 언어를 창조할 뿐만 아니라 언어를 말하는 신체 기관도 창조한다. 아이는 모든 육체적 움직임을 창조하고, 또 모든 지적 표현 수단을 창조한다.

이 모든 것은 의지에 의해서 의식적으로 이뤄지는 것이 아니라, 잠재의식적 정신이라 불리는 것에 의해 이뤄진다. 이 잠재의식적 정신은 살아 있는 모든 존재들, 심지어 간혹 이성을 물려받는 것처럼 보이는 곤충에게서도 발견되는 어떤 유형의 지능으로 가득하다.

이 잠재의식적 정신을 갖고 아이는 인상들을 대단히 섬세하게 자동적으로 기록하는 사진판을 닮은 놀라운 감수성을 바탕으로 멋진 창조 작업을 성취한다. 아이의 환경 속에 있는 사물들은 아이의 내면에서 치열한 관심을, 그러니까 아이의 생명 자체 속으로 뚫고 들어가는 어떤 열망을 일깨우는 것 같다.

이 잠재의식적 힘은 뚜렷이 식별된다. 아이가 청각을 갖고 태어나고, 그래서 아이가 인간의 목소리를 들을 수 있다는 점을 인정한다면, 아이는 자신을 둘러싸고 있는 수백만 개의 소리들 중에서 모방을 위해서 왜 그것들만을 골라낼까? 그것은 인간의 언어가 잠재의식적 정신에 특별한 인상을 각인시키기 때문이다. 그러면서 아이의 정신에 치열한 어떤 감정을, 그 소리들을 재현하는데 필요한, 눈에 보이지 않는 신경 섬유를 떨게 할 어떤 열망을 일깨우는 것이다. 그런 반면에 다른 소리들은 그런 생생한 흥분을 낳지 않는다.

아이는 언어를 너무나 정확하게 흡수한다. 그 언어는 아이의 정신적 인격의 일부를 이루며, 따라서 아이가 훗날 힘들여 배울지 모르는 다른 언어들과 분명하게 구분되면서 모국어라 불리게 된다.

아이의 안에서 어떤 화학적 변화를 낳으면서 일어나고 있는 것은 정신적 화학 작용이다. 인상들은 아이의 정신을 침투할 뿐만 아니라 아이의 정신을 형성한다. 인상들이 구체화되는 것이다. 이는 아이가 자신의 환경 속에 있는 것들을 이용하면서 자신의 "정신적 살점"을 만들기 때문이다.

우리는 이런 유형의 정신을 "흡수하는 정신"이라고 불렀으며, 우리가 그런 정신의 힘의 강도를 상상하는 것은 어려운 일이다. 단지 그 정신이 지속되기만 해도 얼마나 좋을까. 그 힘의 상실은 우리가 인간의 의식을 완전히 습득하기 위해 지불하는 대가이지만, 그런 대가치고는 너무 크다.

4장

발생학

흡수하는 정신의 신비를 더 깊이 파고들려고 노력하면서, 이젠 태아의 생명과 그 기원을 조사하려 한다. 요즘 생물학 분야에 그것을 연구하려는 경향이 새롭게 나타나고 있다. 이전에는 동물의 생명이든 식물의 생명이든 언제나 성체의 표본을 고려의 대상으로 삼았다. 사회학의 연구에서 인간 성인이 표본이 되었듯이 말이다.

지금 과학자들은 그와 반대 방향을 택하고 있는 것처럼 보인다. 인간과 다양한 유형의 생명에 관한 연구가 매우 어린 존재들과 그것들의 기원을 고려하고 있는 것이다. 그래서 요즘 발생학, 즉 어른들에서 비롯되는 두 개의 세포들의 결과로 생긴 종자 세포의 생명이 강조되고 있다. 만들어지기도 하고 스스로 만들기도 하는 아이의 삶은 어른에서 시작되고 어른에서 끝난다. 그것이 곧 생명의 길이다.

자연은 어린 것들에게 특별한 보호를 제공한다. 예를 들어, 아이는 사랑을 받는 가운데 태어난다. 아이의 기원 자체가 사랑이며, 태어나기만 하면 아이는 아버지와 어머니의 사랑으로 둘러싸인다. 부모의 사랑은 사려 깊은 많은 사람들이 불러일으키려고 노력하는 형제애와 달리 인위적이거나 이성(理性)이 강요하는 사랑이 아니다.

인간 도덕성의 이상인 그런 유형의 사랑, 말하자면 자기희생을 고무하고 다른 사람을 위해서 헌신하는 그런 사랑이 유일하게 발견될 수 있는 곳은 아이의 삶의 영역뿐이다. 지금 부모들이 하고 있는 희생은 자연스런 것으로서 기쁨을 주며, 따라서 희생으로 느껴지지 않는다. 삶 자체가 그런 것이 아닌가.

그러나 그것은 사회적 경쟁과 "적자생존"에서 표현되고 있는 유형보다 더 높은 유형의 삶이다. 정말로 호기심을 자극하는 사실인데, 이 두 가지 유형의 삶은 동물들 사이에서도 관찰된다.

이 동물들 중에서 가장 포악한 것들은 가족을 이룰 때 원래 타고났던 본능에 변화를 주는 것처럼 보인다. 그것은 어떻게 보면 특별한 본능들이 평범한 본능들을 누르는 것이다. 그렇게 함으로써 우리 인간들보다 자기 보존 본능을 훨씬 더 많이 가진 소심한 동물들이 그 본능을 새끼를 보호하는 본능으로 바꿔놓는다.

이렇게 되면 원래 소심했던 동물이 새끼를 보호하기 위해 자신의 안전을 무모하게 버리는 모습을 보이게 된다. 그래서 프랑스의 위대한 생물학자인 파브르(Jean Henri Fabre)는 종(種)이 살아남는 것은 자연이 종에게 생존 투쟁을 위해 부여한 무기들 외에 이 위대한 모성 본능 때문이기도 하다고 결론을 내린다. 새끼 호랑이들은 이빨이 없고, 새끼 새들은 깃털이 없지 않은가? 게다가, 열등한 생물에서도 단순히 자신을 방어하는 것이 아니라 새끼를 보호할 필요가 있을 때마다 지능이 나타나는 것을 지켜보는 것은 대단히 흥미로운 일이다.

19세기의 과학자들은 종자 세포 안에 아주 작은 남자 또는 여자가 들어 있음에 틀림없다고 생각했다. 다른 포유동물들처럼, 이것이 훗날 남자 또는 여자로 성장한다는 생각이었던 것이다.

그 과학자들은 아주 작은 인간 존재가 남자 또는 여자의 난세포에서 오는지를 놓고 논쟁을 벌였다. 현미경이 발명됨에 따라, 보다 면밀히 연구하는 것이 가능해졌다. 그 결과 나온 결론은 종자 세포 안에 기존에 존재하는 것은 전혀 아무것도 없다는 것이었다.

사람들은 이 결론을 마지못해 하면서 받아들였다. 이 세포가 둘로 분열하고, 둘이 다시 넷으로 분열하고, 이런 식으로 세포의 증식에 의해서 그 존재가 형성된다.

발생학은 미리 정해진 건설 계획 같은 것만 있다는 것을, 그 계획이 이성과 지능의 모든 표시들을 담고 있다는 것을 발견하는 단계에까지 이르렀다. 집을 짓는 사람이 벽돌들을 모으는 것으로 시작하듯이, 이 세포는 분열을 통해서 다수의 세포를 축적하고, 이어서 그 세포들을 갖고 세계의 벽들을 쌓고, 이 벽들 안에서 신체 기관들이 만들어지게 된다.

이 건설 방법은 독특하다. 건설은 하나의 세포, 즉 하나의 점으로 시작하고, 이 점 주변에서 세포의 증식률이 높은 반면에 다른 곳에선 전과 똑같이 지속된다. 이 높은 세포 증식 활동이 중단될 때, 어떤 신체 기관이 만들이진 것이 확인된다.

이 같은 현상을 발견한 사람은 그것에 대해 이런 식으로 설명했다. 그것들이 감수성이 예민한 지점들이며, 그것들을 중심으로 건설이 일어난다는 것이었다. 이 신체 기관들은 서로 별도로 발달한다. 마치 각 신체 기관의 목적이 자신을 건설하는 것인 것처럼 보인다.

이 지점들의 맹렬한 활동 속에서, 각 센터 주변의 세포들은 서로 강하게 결합하고 또 그것들의 이상(理想)이라고 부를 만한 것에 고취되기 때문에, 세포들은 스스로를 변화시키고 다른 세포들과 달라지면서 형성 중인 신체기관에 따라서 특별한 형태를 취하게 된다.

다양한 신체 기관들이 이런 식으로 별도로 완성될 때, 다른 무엇인가가 그 신체 기관들을 서로 연결시킨다. 신체 기관들이 아주 강하게 연결되면서 한 신체 기관이 다른 신체 기관 없이 살아가지 못하게 될 때, 아이가 세상에 태어난다.

신체 기관들과 가장 먼저 합류하는 것은 순환계다. 건설 계획은 열망의 어떤 점에 바탕을 두고 있는 것으로 드러나고 있으며, 바로 이 점으로부터 창조가 성취된다.

신체 기관들의 창조가 성취되기만 하면, 그 기관들은 개별적으로 살아있는 한 존재를 밖으로 드러내기 위해 운명적으로 서로 결합하고 합쳐지게 되어 있다. 모든 고등 동물들은 이 계획을 따르고 있으며, 자연 속에는 오직 한 가지 건설 계획만 있다.

인간 정신도 동일한 방식으로 건설되는 것 같다. 인간의 정신도 무(無)처럼 보이는 것에서 시작한다. 왜냐하면 정신적인 측면에서 말하면, 새로 태어난 아이의 내면에도 미리 건설된 것은 아무것도 없으며, 기관들이 감수성이 예민한 점(點)을 중심으로 건설되는 것 같기 때문이다.

아이의 정신에서도 마찬가지로 자료의 축적이 일어나고, 이 축적은 흡수하는 정신에 의해 행해진다. 그 다음에 감수성 강한 지점들이 나타나는데, 이 지점들은 성인의 정신은 상상하지 못할 정도로 치열하다. 이 치열성은 아이가 언어를 습득하는 데서 잘 드러난다.

이 감수성의 지점들로부터 발달하는 것은 정신이 아니라 정신이 필요로 하는 신체 기관들이다. 여기서도 마찬가지로 각 신체 기관은 나머지 신체 기관들과 별도로 발달한다. 이 발달로 인해 생기는 능력을 예로 들면, 언어나 거리를 판단하는 능력, 또는 환경 속에서 방향을 찾는 능력, 또는 두 다리로 서 있을 수 있는 능력과 근육 운동의 협동 능력 등이 있다.

각 능력은 어떤 관심을 중심으로 발달하며, 이 관심은 너무나 강렬하기 때문에 아이가 일련의 행위들을 하도록 이끈다. 신체 기관이 형성되고 나면, 감수성은 사라진다. 모든 신체 기관들이 기능할 준비를 갖추면, 그것들은 서로 연결되면서 정신적 실체를 형성한다.

이처럼 감수성이 예민한 시기들과 그 시기들이 일어나는 순서에 대한 지식을 갖추지 않은 상태에서 아이가 정신을 구축하는 과정을 이해하는 것은 불가능하다. 여기서 이전 세대들은 그런 지식을 전혀 몰랐는데도 건강하고 강인한 존재들로 발달했다는 식의 주장이 간혹 제기된다.

그러나 우리 현대인은 대단히 인위적인 문명 속에 살고 있다는 점을 기억해야 한다. 이 문명 속에선 자연이 어머니에게 부여한 자연적 본능들이 대개 억압되거나 무효화되고 있다. 소박하게 살고 있는 어머니는 여전히 감수성이 예민한 시기의 아이를 본능적으로 돕는다. 어머니가 어디를 가든 아이를 데리고 다니고 아이를 모성애로 보호하면서 아이가 필요로 하는 환경을 제공하고 있는 것이다.

오늘날 어머니들은 대개 이 본능을 상실했으며, 인류는 지금 쇠퇴 쪽으로 나아가고 있다. 그렇기 때문에 어머니의 본능의 양상들을 연구하는 것도 어린이들의 자연적 발달의 양상을 연구하는 것만큼이나 중요하다. 이유는 두 가지가 서로 보완적이기 때문이다.

어머니들은 자연과의 협력으로 돌아가야 한다. 혹은 과학이 아이의 육체적 발달을 돕고 보호하는 길을 발견한 것처럼 아이의 정신적 발달을 돕고 보호할 길을 발견해내야 한다.

모성애는 하나의 힘이고, 자연의 힘들 중 하나이다. 모성애가 과학자들의 관심을 끌어야 한다. 그래야만 어머니들이 더 이상 아이를 본능적으로 돕지 않기 때문에 앞으로 의식적으로라도 도울 수 있게 될 것이다. 교육은 어머니들에게 이런 지식을, 말하자면 어머니들이 아이가 태어날 때부터 아이를 위생적으로 완벽한 유모에게 넘길 것이 아니라 직접 아이의 정신적 욕구를 의식적으로 보호해줘야 한다는 지식을 전해줘야 한다.

아이가 잘 훈련된 유모의 보살핌을 받고 있다는 것은 아이가 육체적 욕구를 피상적으로 충족시키고 있다는 뜻이다. 그런 아이들이 정신적 아사 또는 순수한 권태로 죽을 수 있는 것은 분명한 하나의 사실이다.

이 같은 사실은 네덜란드의 어느 도시에서 어떤 기관이 가난한 부모들에게 아이들을 위생적으로 지키는 방법에 대해 가르치기 시작했을 때 놀라운 모습으로 나타났다. 이 기관에는 부모를 잃은 가난한 아이들이 과학적으로 완벽한 상태에서 살면서 잘 먹고 최신 위생 사상으로 훈련을 잘 받은 보모들의 보살핌을 받고 있었다. 그런데 이 아이들 중에서 병이 발발했고 그것으로 많은 아이들이 죽었다.

반면에 부모의 손에 이끌려 병원을 찾았던 가난한 아이들은 이 병으로 고통을 겪지도 않았고 힘들어 하지도 않았으며 위생 교육이 잘 된 보모들의 보살핌을 받은 아이들보다 훨씬 더 건강했다. 그래서 의사들은 자신들의 기관에 결정적인 무엇인가가 부족하다는 것을 깨닫고 약간의 변화를 꾀했다.

보모들이 자기 자식을 돌보는 어머니를 흉내 내기 시작했다. 아이들을 번쩍 들어올리기도 하고 함께 놀아주기도 하면서 과학적 돌봄에 대해 아무것도 모르는 상태에서 자연적인 사랑을 따르면서 아이들을 사회적 접촉으로부터 과도하게 보호하지 않는 어머니들의 행동을 그대로 했다. 그랬더니 아이들은 다시 건강한 상태에서 쑥쑥 자라며 웃기 시작했다.

5장

행동주의

최근의 발견들도, 또 그 발견들에서 나온 이론들도 생명의 신비와 생명의 발달을 완전히 설명하지 못하지만, 그 발견들과 이론들은 사실들을 분명하게 보여주고 있으며, 따라서 우리는 그것들을 바탕으로 성장이 어떤 식으로 일어나는지를 볼 수 있다. 분명히 확립된 한 가지 사실은 건설 계획은 하나이며, 모든 유형의 동물적인 생명은 모두 그 계획을 따르고 있다는 점이다. 이 계획은 태아 안에서 구체적으로 추적 가능하며, 어린이들의 심리를 대상으로 한 연구에서도 확인되고 있고 사회 안에서도 확인되고 있다.

동물의 태아들이 초기 단계에 서로 아주 비슷하다는 사실은 매우 중요하다. 인간의 태아든, 토끼의 태아든, 아니면 도마뱀의 태아든 초기 단계에는 서로 아주 비슷하게 생긴 것이다.

척추동물들은 스스로를 형성하기 위해서 똑같은 단계들을 거쳐야 한다. 그러나 태아의 발달이 마무리되고 나면, 그 차이는 정말 엄청나다.

새로 태어난 아기는 정신적 태아라고 말할 수 있다. 그렇기 때문에 아이들은 모두 태어날 때 아주 비슷하게 생겼으며, 따라서 정신적으로 태아의 성장기에 해당하는 시기에는 동일한 보살핌이나 교육을 필요로 한다.

아이가 스스로를 다듬는 작업을 벌인 결과 어떤 유형의 어른이 생겨나든, 말하자면 세계를 놀라게 할 정도의 천재가 되든 노동자가 되든, 또는 성자가 되든 범죄자가 되든, 인간은 누구나 인간이 되는 이 단계들을 거쳐야 한다. 따라서 삶의 초기 몇 년 동안에 이뤄지는 교육은 모두에게 비슷해야만 하며 성장하고 있는 존재의 안에 욕구들을 심어 놓은 자연의 지시를 따라야 한다. 훗날 개인들 사이에 차이가 생기는 것은 분명한 사실이지만, 우리 어른은 그 차이를 야기하지도 못하고 촉발시키지도 못한다.

우리 인간의 안에는 우리와 상관없이 자연스럽게 발달하는 내적 개성, 즉 자아가 있다. 우리는 단지 잠재적 천재나 장군, 예술가인 아이가 스스로를 실현시키는 것을, 그리고 아이가 그 실현 쪽으로 나아가는 성장의 길에 놓인 장애물을 제거할 수 있도록 도와줄 수 있을 뿐이다.

우리는 감수성이 극히 예민한 지점들이 존재한다는 것을 하나의 사실로 확고히 다졌다. 바로 이 지점들을 중심으로 신체 기관들이 형성되고, 그 다음에 이 기관들이 서로 연결하고 결합하면서 순환계와 신경계가 나타난다. 그러나 과학은 생물이, 말하자면 다른 모든 존재들과 다르고 또 독립적이고 자신만의 성격을 가진 생명체가 존재하게 되는 추가적인 사실에 대해서는 설명하지 못한다.

1930년에 미국 필라델피아에서 기존의 이론들을 완전히 뒤엎는 생물학적 발견이 이뤄졌다. 뇌의 시신경 센터가 시신경보다 앞에, 그리고 눈보다 한참 앞에 형성되는 것이 발견되었다. 그에 따른 결론은 동물들의 안에서 정신적인 형태가 육체적인 형태보다 앞서 형성된다는 것이었다. 따라서 각 동물의 본능들과 타고난 습관들은 그 습관들을 표현하는 부위들이 형성되기 전에 고정된다고 말할 수 있다.

만약 이 정신적 부분이 더 먼저 존재한다면, 그것은 곧 육체적인 부분이 정신, 즉 본능들의 필요에 따라서 자신을 다듬어가면서 스스로 건설을 마무리한다는 것을 의미할 것이다. 또 종(種)을 불문하고 모든 동물들의 신체기관과 사지(四肢)는 이 본능들을 가장 적절히 표현하도록 되어 있다는 뜻이다.

이 새로운 이론은 행동주의로 알려져 있으며, 이 이론은 동물들이 환경에 적응하기 위해서 습관을 들인다는 이전의 믿음과 정면으로 충돌한다. 지금까지는 성인의 의지가 생존 투쟁을 벌이는 과정에 신체의 구조에 필요한 변화를 촉발시키는 것으로, 또 세대를 이어오면서 점진적으로 변화함에 따라 완벽한 적응을 성취하는 것으로 여겨져 왔다.

행동주의자 불리는 새로운 이론은 이 모든 것을 전부 부정하지는 않지만, 동물의 본능적인 습관 또는 행동을 모든 것의 중심에 놓는다. 동물은 단지 자신의 행동의 범위 안에서 이런 본능적인 습관이나 행동을 최대한 발휘할 수 있을 때에만 적응을 향한 노력에서 성공을 거둘 수 있다.

아주 힘이 세고 튼튼하고 체격이 좋은 소에서 한 예를 확인할 수 있다. 지구의 지질학적 역사 속에서 소의 진화를 더듬어볼 수 있다. 소는 지구에 이미 식물이 풍부할 때 모습을 드러냈다.

그래서 이 동물이 하필이면 풀만 먹기를 선택했는지 그 이유를 물을 수 있다. 풀이 지구상에서 발견되는 먹이 중에서 소화시키기가 가장 힘든 축에 드니까. 오죽 힘들면 위를 4개나 갖게 되었겠는가.

만약 그 문제가 오직 생존의 문제에서 그친다면, 지구 위에 풍부한 것들 중에서 풀이 아닌 다른 것을 먹는 것이 훨씬 더 간단할 수 있다. 그 이후로도 수백 만 년의 세월이 흘렀지만, 우리는 여전히 소들이 자연적인 조건에서 여전히 풀만 뜯고 있는 것을 보고 있다.

면밀히 관찰하면, 소가 풀을 뿌리 가까운 부분을 자르지만 식물을 뿌리째 뽑아버리는 일은 절대로 일어나지 않는다는 사실이 확인된다. 그것을 보고 있으면, 소들이 땅 속에 있는 풀의 줄기가 성장하도록 하기 위해서 뿌리 가까운 곳을 잘라줘야 한다는 사실을 알고 있는 것 같다. 그렇게 하지 않으면 풀은 곧 결실의 단계까지 이르러 죽고 말 것이다.

게다가, 풀은 다른 식물 형태의 생명을 지키는 데 대단히 중요한 것으로 확인된다. 왜냐하면 풀이 모래와 흙의 느슨한 낱알들을 서로 단단하게 묶어주기 때문이다. 풀이 그런 역할을 하지 않는다면, 모래와 흙은 바람에 흩어지고 말 것이다. 풀은 땅을 안정적으로 유지시킬 뿐만 아니라 땅을 기름지게도 한다. 땅이 다른 식물들을 성장시킬 수 있도록 준비시키는 것이다.

그렇듯 자연의 질서 속에서 풀의 중요성은 엄청나다. 그러나 풀을 보존하기 위해선 자르는 것 외에 두 가지가 더 필요하다. 하나는 거름이며, 다른 하나는 무거운 무게로 압착하는 일이다. 어떤 농기계가 이 3가지 과제를 소보다 더 잘 수행할 수 있을까? 이 경이로운 기계는 풀의 성장을 돕고 땅을 보호하는 외에 우유까지 공급하고 있다. 그렇다면 소의 행동은 자연의 목적을 위해 설계된 것처럼 보인다. 까마귀와 독수리의 행동이 다른 분야, 즉 지구 청소 분야에서 효과적으로 봉사하도록 설계된 것과 똑같이.

이 예들은 동물들의 먹이 선택을 보여주고 있다. 그런 수많은 예들에서 끌어낼 수 있는 결론은 동물들은 단순히 자신을 만족시키기 위해서 먹는 것이 아니라 자신들에게 미리 정해진 어떤 임무를, 행동을 통해서 창조의 조화에 이바지하는 방향으로 성취하고 있다는 것이다.

이 창조의 조화는 생물과 무생물을 가리지 않고 모든 존재들의 협력에 의해서 성취된다. 다른 생명체들 중에는 도저히 생명을 보존하기 위해서 먹는다고는 말하지 못할 정도로 너무나 특이하게 먹는 생명체들도 있다. 그 생명체들은 살아가기 위해서 먹는 것이 아니라 먹기 위해서 살아가고 있다고 할 수 있다.

한 예가 바로 지렁이다. 지렁이는 자신의 몸 크기의 200배에 달하는 양의 흙을 매일 먹는다. 지렁이가 없으면 지구의 생산성은 훨씬 더 낮을 것이라고 처음 말한 사람은 바로 다윈(Charles Darwin)이었다.

꽃을 수분시키는 꿀벌들의 작업도 또 다른 친근한 예이다. 이 행동주의에서, 동물들이 단순히 자신의 존재를 지속시키기 위해서가 아니라 다른 유형의 생명을 위해서 스스로를 희생시키는 것이 보이기 시작한다.

마찬가지로, 바다에서도 여과기 역할을 하는 단세포 생명체들이 발견된다. 이 생물들은 바닷물에서 독성 있는 염분을 제거한다. 그것들은 이 역할을 추구하면서 자신의 몸에 비하면 상상도 되지 않을 만큼 많은 양의 물을 마신다. 인간으로 치면 평생 동안 1초마다 1갤런을 마시는 양이다. 그 동물들이 지구와의 관계 속에서 추구하고 있는 목적은 그 동물의 의식에는 절대로 떠오르지 않는다. 그럼에도 보다 높은 형태의 생명과 지구의 표면, 공기와 물의 정화는 그런 동물들의 임무에 의지하고 있다.

이 모든 것은 미리 정해진 어떤 계획 같은 것이 있다는 점을,

신체 장기들은 이 계획의 성취를 위해 형성되고, 생명의 목표는 모든 것을 조화롭게 이끌면서 보다 나은 세상을 창조하는 그 신비한 명령에 복종하는 것이라는 점을 분명하게 보여주고 있다. 세상은 우리가 즐기도록 하기 위해 창조된 것이 아니며, 우리는 우주를 발전시키기 위해서 창조되었다.

인간 종을 연구하면서 인간과 다른 동물 유형들을 비교하다 보면 인간과 다른 동물들 사이에 몇 가지 차이가 발견된다.

가장 중요한 차이는 인간에겐 특별한 종류의 움직임 또는 특별한 종류의 주거가 할당되지 않았다는 점이다. 모든 동물들 중에서 인간이 적도나 극지, 사막이나 정글을 가리지 않고 어떤 기후에든 가장 잘 적응할 수 있다. 또 인간만이 마음대로 어디든 자유롭게 갈 수 있다.

인간은 또 대단히 다양한 운동을 할 수 있으며, 어떤 동물도 하지 못하는 것을 손으로 할 수 있다. 인간의 행동에는 전혀 아무런 제약이 없는 것처럼 보인다. 인간은 자유롭다. 인간은 더없이 다양한 언어를 갖고 있다. 운동도 마찬가지로 대단히 다양하다. 걷고, 달리고, 뛰고, 길 수 있는 것이다. 인간은 무용 같은 활동에서 인위적인 움직임도 할 수 있으며 물고기처럼 수영도 할 수 있다.

그러나 아이가 출생할 때에는 아이의 안에 이런 능력이 전혀 들어 있지 않다. 각각의 능력은 인간 존재에 의해서 어린 시절 초기에 정복되어야 한다. 움직이는 능력을 전혀 갖지 않은 채, 거의 마비된 것이나 마찬가지인 상태로 태어난 아이는 연습을 통해서 다른 동물들처럼 걷고, 달리고, 오르는 것을 배울 수 있지만, 그것은 어디까지나 아이 본인의 노력에 의해 성취되어야만 한다.

아이는 다른 동물들의 능력보다 훨씬 더 다양한 능력들을 습득할 뿐만 아니라 자신이 건설해 나가는 존재 자체를 자신이 살아야 하는 기후와 다양한 조건에 맞게, 또 점점 더 복잡해지는 문명의 요구에 맞게 적응시켜야 한다.

만약 인간들의 행동이 동물들처럼 고착되어 있다면, 그건 인간에게 너무나 불리한 조건일 것이다. 그런 경우에 인간은 세대마다 변하고 있는 새로운 조건에 적응하지 못할 것이다. 적응이라는 과제는 자연에 의해서 오직 어린 시절에 한해서만 성취할 수 있는 것으로 정해진 것 같다. 어른의 경우에 적응성이 극히 떨어지니 말이다.

어른은 어떤 결점이 있든 자신의 땅을 이 세상에서 가장 적절한 곳으로 여기며, 모국어보다 말이 안 될 정도로 쉬운 외국어의 발음도 절대로 완전히 통달하지 못한다. 이 어른도 어린 시절에 그 외국어를 쓰는 지역에 살았다면 당연히 별 어려움 없이 배웠을 것이다.

어른들은 어떤 환경을 만나게 되면 감탄하면서 기억하지만, 아이는 환경을 무의식적으로 흡수하고 그것을 갖고 자신의 정신을 형성한다. 그리하여 아이는 자신이 보고 들은 것을 언어로 자신의 내면에 구체화한다. 그래서 아이의 내면이 진정으로 변화하게 되는 것이다.

이런 종류의 기억을 심리학자들은 므네메(Mneme)[1]라고 부르며, 이 기억의 임무는 개인을 위해서 시간과 장소에만 적합한 것이 아니라 그 사회의 사고방식에도 적절한 행동을 제시하는 것이다. 성인들은 이성적으로는 인정하지 않겠지만 거의 예외 없이 감정과 편견을, 특히 종교적 편견을 갖고 있다. 그러나 어른들은 절대로 그런 감정과 편견을 제거하지 못한다. 어떻게 보면 그 감정과 편견은 그들 자신의 일부이며, 정말로 "타고나는 것"이나 마찬가지이다.

만약 한 나라의 습관이나 관습을 변화시키길 원한다면, 혹은 국민의 특성들을 보다 활발하게 촉진시키길 원한다면, 우리는
....
1 개인 또는 종의 과거 경험이 지속적으로 반복되는 효과를 말한다.

아이를 우리의 도구로 삼아야 한다. 왜냐하면 이 방향으로 어른들을 상대로 해봐야 거둘 수 있는 것이 거의 없기 때문이다. 한 세대 또는 국민을 변화시키기 위해서, 또 그들에게 좋은 쪽으로나 나쁜 쪽으로 영향을 끼치기 위해서, 종교를 일깨우거나 문화를 강화하기 위해서, 우리는 전능한 아이에게로 눈을 돌려야 한다. 이 가르침의 진실성은 최근에 아이들에게 영향을 끼침으로써 전체 국민의 성격을 변화시킨 나치와 파시스트들에 의해 확인되었다.

6장

교육은 출생 직후부터

세상에 갓 태어난 아이는 완전한 발달과는 거리가 아주 멀다. 육체적으로도 신생아는 불완전하다. 지구를 걸으며 아마 전 세계를 침공할 운명을 타고난 발은 아직 뼈가 없고 연골이며, 뇌를 감싼 상태에서 뇌를 강하게 보호해야 하는 두개골도 몇 개의 뼈만 발달한 상태다.

그보다 더 중요한 것은 신경들이 완전하지 않다는 점이다. 그래서 지배적인 방향성이 부족하고 신체 기관들 사이의 통일성이 부족하다. 따라서 다른 생명체들의 새끼들이 태어남과 거의 동시에 움직이는 힘을 갖고 있음에도 불구하고, 인간의 아기는 움직일 수 있는 능력을 전혀 갖고 있지 않다.

사실 아기는 출생 전후에 태아를 닮은 삶을 사는 것으로 여겨져야 한다. 이 삶이 출생의 모험이라는 위대한 사건에 의해 방해를 받으며, 이 모험을 통해서 아이는 새로운 환경으로 떨어진다. 변화는 그 자체로 끔찍하다. 지구에서 달로 옮겨가는 것과 버금가는 변화다. 그러나 그것이 전부가 아니다. 큰 걸음을 떼기 위해서, 아이는 엄청난 육체적 노력을 기울여야 한다.

아이가 태어날 때, 사람들은 일반적으로 어머니와 어머니의 고통에 대해서만 생각하지만, 아이는 그보다 더 큰 시련을 겪는다. 특히 아이가 정신적 삶을 부여 받은 가운데 태어날지라도 아직 완전하지 않다는 사실을 고려한다면, 아이의 시련이 더욱 절실하게 다가온다. 아이는 정신적 능력을 갖고 있지 않다. 왜냐하면 먼저 아이가 그 능력을 창조해야 하기 때문이다. 그래서 육체적으로도 완전하지 않은 이 정신적 태아는 자신의 능력들을 스스로 창조해야 한다.

무력하고 움직이지도 못하는 상태에서 태어나는 이 생명체는 자신을 움직임 쪽으로 이끌 어떤 행동을 부여받아야 한다. 다른 동물들의 경우에 출생과 동시에, 그러니까 환경과 접촉하는 즉시 일깨워지는 본능들은 인간의 경우에는 정신적 태아가

운동을 일으킬 기능들을 키울 때, 바로 그 정신적 태아에 의해서 건설되어야 한다. 이런 작업이 계속되는 동안에, 정신적 태아의 육체적 부분은 발달을 마무리짓고 있으며, 신경들이 서로 통합되고 두개골이 단단해진다.

병아리들은 알에서 나오자마자 어미닭이 모이를 쪼는 방법을 보여주기만을 기다리며, 그 방법을 배우는 즉시 다른 닭들과 똑같이 행동하기 시작한다. 이것은 닭들의 현재 버릇이며, 또 그 앞의 세대들 사이에도 똑같았으며, 미래의 세대들 사이에도 그럴 것으로 예상된다.

그러나 인간은 먼저 자신의 정신부터 발달시켜야 하고, 이 발달은 인간 사회의 환경과 변화하는 조건과도 조화를 이뤄야 한다. 그래서 자연은 골격과 신경계가 지능의 발달에 우선권을 주고 있는 사이에 육체가 무력한 상태로 유지될 수 있도록 하기 위해 특별히 신경을 쓴다. 정신적 삶이 환경을 구체화하려면, 지성이 먼저 환경을 관찰하고 연구해야 하며, 실제로 환경으로부터 엄청난 수의 인상들을 긁어모아야 한다. 육체적 태아가 세포들을 갖고 특별한 장기들을 건설하기 전에 세포들을 축적해야 하는 것과 다르지 않다.

그래서 삶의 첫 시기는 환경에서 나오는 인상들을 저장하는 것으로 정해져 있으며, 따라서 정신적 활동이 엄청나게 활발하게 일어나는 시기이다. 그 시기에 아이는 환경 속에 있는 모든 것을 흡수한다. 2년차에 육체적 존재가 거의 완성되고, 운동이 확실해지기 시작한다.

예전에는 자그마한 아이에겐 정신적 삶이 전혀 없는 것으로 여겨져 왔다. 그러나 지금 우리는 출생 후 첫 한 해 동안에 아이에게서 유일하게 작동하는 부분이 뇌라는 사실을 깨닫고 있다.

인간 아기의 중요한 특징은 바로 지능이다. 행동을 일으킬 본능을 일깨우기만 하면 되는 다른 동물들과 두드러지게 다른 부분이다. 인간 아이의 지능은 아이가 속한 문명이 지나온 수십만 년 전까지 거슬러 올라가고 또 미래로 수억 년 동안 이어질, 진화하고 있는 어떤 생명의 현재를 받아들여야 한다. 이 현재는 과거로도 절대로 끝이 없고, 미래로도 절대로 끝이 없으며, 한 순간도 똑같지 않다.

인간이 누리는 이 현재의 양상은 무한한 반면에, 다른 동물들에겐 언제나 고정된 한 가지 양상밖에 없다. 확실히 인간의 이런 정신은 신비한 방식으로 시작되어야 하며, 그 정신은 출생 전에 시작되는 것으로 증명되었다. 새로 태어난 아이의 정신에서 너무나 강력한 힘들이 발견되기 때문이다. 아이의 정신에서 확인되는 이 힘들은 어떤 능력이든 창조하고, 인간의 모든 조건에 적응할 가능성을 갖고 있다.

오늘날의 심리학자들은 아이가 겪는 "출생의 힘든 모험"에 강한 인상을 받고 있으며, 아이가 엄청난 충격을 겪는 것이 분명하다고 결론을 내리고 있다.

심리학에서 쓰이고 있는 과학적 용어들 중 하나가 "출산 공포"다. 그것은 의식적인 공포가 아니지만, 틀림없이 새로 태어난 아이는 놀람을 느낄 수 있다. 아이를 안고 지나치게 빨리 목욕물에 넣거나, 강렬한 빛이나 낯선 손놀림으로 다룰 때, 아이는 틀림없이 놀랄 것이다.

자연은 단순한 어머니에게 아이를 자신의 육체 가까운 곳에 지키도록 하는 본능을 준다. 어머니에겐 많은 에너지가 남지 않는다. 그래서 어머니는 자기 자신을 위해서 차분하게 지내면서 아이에게도 아이가 필요로 하는 조용함을 주고, 아이를 자신의 온기로 따뜻하게 덥히고, 아이를 많은 인상들로부터 보호하게 된다.

어미 고양이는 새끼들을 어두운 구멍에 숨기고 외부의 손길로부터 새끼들을 무서울 정도로 강하게 지키지만, 대부분의 인간 어머니들은 자연적인 본능 대부분을 상실했다. 아이가 태어나자마자, 누군가가 와서 아기를 씻기고 옷을 입힌다. 또 아이의 눈 색깔을 확인하기 위해 빛에 아기를 가져간다. 어머니가 무지한 탓에 아기가 겪지 않아도 될 충격과 놀람을 겪는다.

오늘날 그런 "출산 공포"의 결과는 훗날 발달의 단계에서 아이의 성격적 결함으로 나타난다. 정신적 변화가 일어나고, 아이는 정상적인 길을 추구하지 않고 그릇된 길을 추구한다. 그런 식으로 일어난 결함들은 "정신적 퇴행"이라는 용어에 포함되었으며, 정신적 퇴행은 삶으로부터 꽁무니를 빼는 것이 특징이다. 정신적 퇴행을 보이는 아이들은 세상에 대해 혐오감을 느끼면서 마치 출생 전에 존재했던 무엇인가에 집착하고 있는 것처럼 보인다.

신생아가 오랜 시간 잠을 자는 것은 정상적인 것으로 여겨지지만, 아이가 퇴행을 보이는 경우에는 정상이라고 볼 수 없을 정도로 잠이 길어진다. 또 다른 신호는 울면서 잠에서 깨는 버릇과 빈번한 악몽이다. 또 다른 신호는 아이가 혼자 남게 될까 두려워하며 누군가에게 지나치게 집착하는 것이다. 그 누군가는 대체로 어머니다.

그런 아이는 쉽게 울고, 언제나 누군가가 도와주기를 원하고, 게으르고, 우울하고, 소심한 유형의 아이이다. 그런 아이들은 삶을 위한 투쟁에서 다른 아이들보다 열등한 것이 틀림없다. 기쁨과 용기, 정상적인 행복은 그런 아이의 운명이 아닐 것이다. 이것은 잠재의식적 정신의 끔찍한 보복이다.

의식적인 기억은 망각되지만, 므네메에 각인된 인상들은 개인의 특징으로 남는다. 바로 그 인상들 안에 인류에 큰 위험이 자리 잡고 있다. 적절히 보살핌을 받지 않은 아이는 약한 개인이 됨으로써, 말하자면 문명의 진전에 장애물이 됨으로써 사회에 보복을 한다.

이런 퇴행적인 아이들과 정반대로, 정상적인 아이는 독립을 추구하려는 경향을 강하게 보인다. 발달은 곧 길에 놓여 있는 모든 장애물들을 극복하면서 더욱 큰 독립을 이루는 것이다.

이 같은 충동을 제공하는 생명력은 호르메(horme)라고 불리며, 어른으로 치면 의지의 힘과 비슷하다. 그러나 의지의 힘은 호르메에 비하면 아주 작고 또 그 개인에게만 국한된다. 반면에 호르메는 전반적인 생명에 해당하고, 진화를 추구하는 신성한 힘이다.

정상적으로 성장하고 있는 아이의 내면에서 호르메는 열정과 행복, "삶의 기쁨"으로 나타난다. 아이는 태어나면서 어머니의 육체라는 감옥 같은 곳으로부터 자신을 해방시키며 어머니의 기능들로부터 독립을 성취한다.

아이는 환경을 직시하고 정복하려는 충동을 부여받지만, 아이가 이런 일에 나서기 위해선 먼저 환경이 아이에게 매력적이어야 한다. 이때 아이가 느끼고 있는 것은 환경에 대한 사랑이라 불릴 수 있다. 꽤 적절한 표현이다. 가장 먼저 작동하기 시작하는 신체 기관은 감각 기관이며, 정상적인 아이들은 모든 것을 받아들이지만 아직 소리와 소리를 구분하지 못하고 대상과 대상을 구분하지 못한다. 아이는 먼저 세상을 흡수한 다음에 그 세상을 분석한다.

6개월이 되면, 정상적인 성장을 알려주는 이정표 같은 현상들이 나타난다. 육체적 변화가 일어나는 것이다. 위가 소화에 필요한 산을 분비하기 시작하고, 젖니가 처음 나기 시작한다. 이것은 독립을 향한 위대한 한 걸음이다.

아이가 한 음절씩 소리를 뱉기 시작하는 것도 이 무렵이다. 한 음절에 지나지 않는 이 소리야말로 언어로 발달할 위대한 건물의 첫 번째 돌이다. 곧 아이는 자신을 표현할 수 있게 되며, 따라서 다른 사람들이 아이의 욕구를 짐작할 필요성이 없어지게 된다. 정말로, 이것이야말로 독립을 향한 위대한 정복이 아닐 수 없다.

이 성취가 일어나고 시간이 조금 더 지나면, 말하자면 생후 1년 정도가 되면, 아이는 걷기 시작하고, 따라서 자신을 두 번째 감옥으로부터 해방시킨다. 이런 일련의 연속적인 걸음들에 의해서 인간은 자유로워지지만, 그것은 아직 의지의 문제가 아니다. 독립은 인간을 자유 쪽으로 이끄는 자연의 선물인 것이다.

걷기의 정복은 매우 중요한 정복이며, 매우 복잡하다. 그럼에도 이 정복은 삶의 첫 해에 일어난다. 언어와 방향 같은 다른 정복도 이때에 이뤄진다. 열등한 동물들은 태어나자마자 걷지만, 인간의 건설은 그보다 훨씬 더 섬세하고 더 많은 시간을 필요로 한다.

두 다리로 서고 똑바로 걷는 능력은 뇌 중에서 소뇌라 불리는 부분의 발달에 의존하며, 소뇌는 생후 6개월에 급속도로 성장하기 시작해서 생후 14개월 내지 15개월까지 지속적으로 성장한다. 이 소뇌의 성장에 맞춰서, 아이는 6개월에 똑바로 앉고, 9개월에 기어 다니기 시작하고, 10개월에 똑바로 서고, 12개월과 13개월 사이에 걷기 시작한다. 그러다 15개월 정도 되면 아이는 안전하게 걷게 된다.

걷기를 정복하는 데 필요한 두 번째 요소는 일부 척수 신경의 완성이며, 이 신경을 통해서 소뇌의 메시지가 근육으로 전달된다. 세 번째 요소는 발의 뼈 구조의 완성과 두개골의 완성이다. 그래야만 아이가 넘어지더라도 뇌를 다치지 않을 수 있으니까.

아이가 일정한 시기에 이르기 전까지는 어떠한 교육도 아이가 걷도록 만들지 못한다. 여기서는 자연이 명령하며, 모두가 자연의 명령에 따라야 한다.

게다가, 걷고 달리기 시작한 아이를 차분하게 붙잡아두려고 노력하는 것은 헛일이다. 왜냐하면 자연이 발달한 신체기관은 반드시 사용되어야 한다고 명령하고 있기 때문이다. 그래서 언어가 나타나자마자 아이는 조잘거리기 시작한다. 그러면 아이가 말을 하지 않도록 말리는 것이 지극히 어려운 일이 된다.

만약 아이가 말을 하지 않고 걷지도 않게 된다면, 아이의 발달에 정지가 일어날 수 있다. 그렇기 때문에 아이는 마음대로 활동하면서 독립을 이용하도록 내버려둬야 한다.

심리학자들은 각 개인의 경우에 행동이 환경 속에서의 경험에 의해서 확고해진다고 말한다. 그러므로 교육의 첫 번째 과제는 아이가 자연으로부터 받은 기능들을 발달시키도록 허용하고 또 도움을 줄 환경을 조성하는 것이다. 이것은 단순히 아이를 즐겁게 해 주는 문제가 아니라 자연의 지시에 협력하는 문제이다.

아이를 대상으로 한 관찰은 대체로 아이는 독립적으로 행동하려는 욕망을 품고 있다는 점을 보여준다. 아이는 자신이 물건을 들고 다니고, 옷도 혼자서 입고 벗기를 원한다.

아이가 이런 일들을 하려고 노력하는 것은 어른의 제안을 따르는 것이 아니다. 반대로, 독립적으로 행동하려는 아이의 충동은 아주 강하다. 그래서 어른들의 노력은 대체로 아이가 독립적으로 행동하지 못하도록 말리는 데로 모아지고 있다.

그러나 어른이 그렇게 하고 있을 때, 그것은 곧 자연을 상대로 싸움을 벌이고 있는 것이나 마찬가지이다. 아이가 그런 식으로 독립적으로 행동하려 드는 것이 아이의 의지가 아닌 것이다.

그 다음에 아이는 자신의 경험을 통해서 정신을 발달시키려는 경향을 보이며, 따라서 사물들의 이유를 찾기 시작할 것이다. 이것은 절대로 이론이 아니며, 관찰로 드러나고 확인되는 자연의 분명한 사실이다.

우리는 흔히 사회가 아이가 자유를 완전히 누릴 수 있도록 해야 하고 아이의 자유를 보장해야 한다는 식으로 말하지만, 자유와 독립의 이상(理想)과 어른들이 쓰는 자유와 독립의 개념을 혼동해서는 안 된다. 실은 대부분의 사람들은 자유의 의미에 대해 형편없는 방향으로 알고 있다.

자연은 아이에게 자유와 독립을 줌으로써 생명을 준다. 다시 말하면, 자연은 아이에게 시기와 그 시기가 특별히 필요로 하는 것에 따라서 결정된 법칙들을 준다. 자연은 자유를 생명의 한 법칙으로 만든다. 말하자면, 자유로울 수 있는 선택뿐이고, 그렇지 않은 경우엔 죽음이라는 뜻이다.

자연은 우리에게 현실을 보여주는 아이를 관찰하도록 함으로써 우리의 사회적 삶을 해석할 수 있도록 돕고 있다. 자유는 정적인 것이 아니라 하나의 지속적인 정복인 것으로 드러나고 있다. 자유는 자유뿐만 아니라 힘과 자기완성을 지출 줄 모르고 추구하고 습득하는 과정인 것이다.

아이에게 자유와 독립을 주면서, 우리 어른은 자신의 활동을 통해서만 살아갈 수 있는 지칠줄 모르는 일꾼 같은 존재를 자유롭게 풀어놓게 된다. 이유는 지칠줄 모르는 활동이야말로 모든 생명체들의 존재의 형식이기 때문이다.

삶은 활동이다. 삶의 완성을 추구하고 이루는 것은 오직 활동을 통해서다. 과거 세대들의 경험을 통해서 우리들에게까지 제시되고 있는 사회적 포부 중 일부는, 예를 들어 일하는 시간을 더 많이 줄이고 다른 사람들이 우리의 일을 대신하도록 하겠다는 이상 같은 것은 삶을 기피하는, 쇠퇴하는 아이의 타고난 특징에 해당한다.

교육의 특별한 문제 한 가지는 이처럼 퇴보하는 아이들을 어떻게 도울 것이며, 정상적인 발달로부터 일탈을 야기하거나 발달을 지연시키는 퇴화를 어떻게 치료할 것인가 하는 것이다. 그런 아이는 환경에 전혀 사랑을 느끼지 않고 환경을 정복하는 데 장애가 되는 것들을 너무나 어려운 것으로 느끼기 때문에, 가장 시급한 것은 장애물을 줄여서 환경이 아이에게 매력적으로 다가오도록 만드는 것이다. 그런 다음에 아이에게 즐거운 활동을, 그러니까 재미있게 할 수 있는 무엇인가를 주면서 아이가 추가로 실험들을 수행하도록 초대해야 한다.

그러면 아이는 게으르게 빈둥거리려는 욕망을 점진적으로 버리고 무엇인가에 관심을 보이게 될 것이다. 말하자면, 게으름에서 활발한 활동으로, 누군가에게 꼭 매달리면서 떨어지길 거부하는 놀람의 상태에서 기쁨의 자유와 삶의 정복으로 바뀌는 현상이 나타나게 된다는 뜻이다.

이제 아이의 삶에서 첫 2년 동안에 이뤄지는 교육을 위한 원칙들을 나열할 때이다.

아기는 출생 직후에 가능한 한 어머니와 함께 있어야 한다. 아이가 적응하는 데 환경이 장애물을 제시해서는 안 된다. 그런 장애의 예를 들면, 아이가 태어나기 전에 익숙했던 온도에 일어나는 변화가 있다. 지나치게 강한 빛과 지나친 소음도 마찬가지로 장애가 될 수 있다. 아이가 완벽하게 조용하고 어두운 곳에서 이제 막 나왔으니 말이다.

아이는 조심스럽게 다뤄지고 옮겨져야 한다. 목욕탕에 던져지듯 갑자기 아래로 낮춰져서도 안 되고, 급하고 거칠게 옷을 입혀서도 안 된다.

어른이 신생아를 다루는 행위는 어느 것이나 거칠게 마련이다. 왜냐하면 아이가 육체적으로만 아니라 정신적으로도 너무나 섬세하기 때문이다. 가장 좋은 것은 신생아의 경우에 옷을 입히지 않고 외풍이 없고 충분히 따뜻한 방 안에서 부드러운 매트리스로 들고 옮기는 것이다. 그러면 아이는 태어나기 전의 상태와 비슷한 자세로 남을 수 있을 것이다.

그런데도 오늘날엔 아기를 심한 부상을 입은 어른들을 다루는 방식과 똑같이 다루는 경향을 보이고 있다. 아이를 다루는 어른의 움직임이 조금 더 차분하고 완전하다는 차이밖에 없다. 이외에 위생적인 보살핌과 보호도 따라야 한다.

어머니와 아이는 같은 몸의 두 개의 신체 장기로, 여전히 '동물자기'(動物磁氣)에 의해 하나의 생명으로 결합되어 있는 존재로 여겨져야 한다. 어머니와 아이는 한동안 격리가 필요하고 모든 면에서 매우 세심한 배려를 요구한다. 친척들과 친구들은 신생아에게 입을 맞추거나 어루만져서는 안 되며, 간호사들도 아기를 어머니 옆에서 떼어놓지 말아야 한다.

이 첫 번째 단계가 지나고 나면, 아이는 자신이 들어온 세상에 쉽게 적응하며 독립의 길을 여행하기 시작한다. 아이의 첫 번째 정복은 감각들을 이용하는 것이며, 이것은 순수하게 정신적인 활동이다. 이유는 아이의 육체가 아직 움직일 수 없기 때문이다. 아이의 눈은 매우 활동적이며, 아이는 눈을 통해서 인상들을 받아들일 뿐만 아니라 적극적인 연구원이 되어 인상들을 찾아 나선다. 또 아이는 오직 행동의 안내에 따라 특정한 것에만 끌리면서 관찰에 제한적인 하등 동물들과 달리, 전혀 한계를 모르는 가운데 전체 환경을 흡수해서 그것을 자신의 정신 속으로 녹인다.

아이는 세상을, 그러니까 자기 주변에 있는 모든 것을 원한다. 세상에 적응하기 위해서다. 아이를 일종의 감옥이랄 수 있는 육아실 안에 가둬두는 것은 실수다. 거기엔 아이의 동행이라곤 보모뿐이다.

보모는 아이가 장애인처럼 잠을 최대한 많이 자도록 한다. 보모는 아이에게 말을 많이 하지 않는다. 아이 앞에서는 입을 닫는 것이 위생적인 것으로 여겨지기 때문이다.

그런 경우에 아이가 언어를 어떻게 배울 수 있겠는가? 게다가 보모들은 아이와 다른 사회적 환경에 속한다. 그래서 아이는 보모로부터 자신이 필요로 하는 언어를 흡수하지 못한다. 문명 수준이 높은 나라의 부유한 아이들은 이 점에서 가장 심하게 학대받는 아이라고 할 수 있다. 아이가 자기 어머니와 어머니의 친구들을 볼 기회를 거의 누리지 못하는 상태에서 냉혹할 정도로 아이만을 잘 다루는 보모의 손에만 맡겨지기 때문이다.

이런 경우에 아이는 덮개까지 갖춘 유모차 안에서 햇살과 차가운 바람으로부터 보호를 받는 상태에서 보모의 얼굴보다 더 흥미로운 온갖 것들에게로 눈길을 주지 못하게 된다. 그런 환경에서 자란 아이들은 무감각해지거나 무관심해질 수 있으며 울음이나 화 같은 발작적 반응을 보일 수 있다. 이유는 그 아이들이 정신적 기아 상태에서 고통을 겪고 있거나 적어도 정신적으로 영양을 충분히 공급받지 못하고 있기 때문이다.

자기 어머니와 함께 거리나 시장에 나가거나 전차나 버스를 자유롭게 타고 다니는 아이가 훨씬 더 행복하다. 언제나 자신

의 자연적인 보호자의 보살핌을 받는 상태에서 이것저것 보고
들으면서 관심을 끄는 것들의 인상을 정신 속에 저장하는 그런
아이들이 진정으로 행복한 것이다.

7장

언어의 신비

언어는 어느 한 집단의 인간들이 합의한 것을 표현하는 것이며, 그래서 언어는 오직 구체적인 어떤 소리는 구체적인 어떤 생각을 나타낸다고 서로 합의한 사람들 사이에서만 이해될 수 있다. 다른 집단의 사람들은 똑같은 생각과 사물을 나타내는 다른 소리들을 갖고 있다. 그렇기 때문에 언어는 집단과 집단을 나누는 벽이 될 수 있는 한편으로 같은 집단 안에서는 구성원들을 통합시키는 역할을 한다.

언어는 집단의 사람들이 함께 사고하는 도구이며, 인간의 생각 자체가 복잡해짐에 따라 언어도 마찬가지로 더욱 복잡하게 되었다. 단어들을 구성하는 데 쓰이는 소리들은 몇 개 되지 않지만, 그 소리들은 무수히 많은 방법으로 결합하며 단어들을 형성한다. 이 단어들은 또 다시 무수히 많은 방법으로 결합하면서 어떤 사상을 표현하는 문장을 이룬다. 인간들이 어떤 성취를 이루기 위해서 서로 함께 모이고 동의해야 한다는 사실보다 더 신비로운 것은 없다. 이 동의를 위해 인간들은 만물 중에서 가장 추상적인 언어를, 일종의 초(超)지성을 사용해야 한다.

너무나 복잡하고 너무나 형식적인 것이 되어 버린 탓에 사라진 언어도 있다. 그러나 그 언어에서 비롯된 단어들은 지금도 다른 언어에서 일상적으로 쓰이기도 한다.

그러나 우리 현대인이 고전 라틴어의 지식을 완벽하게 습득하는 것이 아무리 어려운 일일지라도, 로마 제국의 노예들도 그 언어를 말했음에 틀림없고, 농부들도 들판에서 일하면서 그 언어를 사용했음에 틀림없다. 그래도 아무도 그들에게 라틴어를 가르쳐주지 않았다. 세 살짜리 아이에게도 라틴어를 말하고 이해하는 것이 쉬웠을 것임에 틀림없다.

오늘날 이 신비가 호기심을 자극했다. 심리학자들은 아이들의 언어 발달을 고려하면서 언어는 가르쳐지는 것이 아니라 발달하는 것이라는 점을 강조하고 있다. 언어는 하나의 자발적인 창조물로서 자연스럽게 온다. 또 언어의 발달은 놀랄 정도로 명확한 법칙들을 따르고 있다. 반드시 어느 시기에 이르러야 어느 높이까지 올라가는 것이다. 게다가, 모국어가 간단하든 복잡하든 불문하고 이 원칙은 모든 나라의 아이들에게 똑같이 적용된다. 아이들에겐 똑같이 한 음절씩만 발음하는 시기가 있고, 그 다음에 한 음절 이상으로 이뤄진 단어들을 말하는 시기가 따른다. 최종적으로 전체 문장과 문법을 이해하는 단계가 온다. 이때엔 남성과 여성, 단수와 복수, 주격과 여격, 시제, 직설법과 명령법까지 이해한다.

세련된 환경에서 사는 아이가 언어를 정확히 사용하는 방법을 배우는 시기와 가난한 아프리카의 아이가 몇 개 되지 않는 단어를 정확히 사용하는 방법을 배우는 시기는 서로 똑같다. 단어들을 구성하는 소리들은 혀와 목구멍, 코와 뺨의 일부 근육을 포함하는 육체의 구조를 이용해서 낸다. 이 메커니즘의 구조는 오직 모국어를 말하는 데에만 완벽한 것으로 확인된다. 외국어의 경우에 성인들은 소리들을 전부 듣는 것조차도 불가능하다. 그러니 소리를 완벽하게 내는 것에 대해선 말할 필요조차 없다.

오직 3세 미만의 아이만이 언어 체계를 건설할 수 있다. 이 나이의 아이는 출생할 당시의 환경 안에서 사용되는 언어라면 무엇이든 말할 수 있다. 아이는 이 일을 잠재의식적 정신의 어둠 속에서 시작하며, 언어 체계는 여기서 발달하고 스스로 영원히 고착된다.

변화들은 어른의 관찰이 닿지 않는 깊은 곳에서 일어나지만, 일부 변화들이 외부로 나타나면서 확인된다. 이 외적 변화들은 중요하고 명확하며, 모든 인류에게 공통적이다. 한 가지 결론은 어느 언어든 소리가 세대를 내려가면서 순수함을 지킨다는 것이고, 다른 한 가지 결론은 아무리 복잡한 언어일지라도 아이의 잠재의식적 정신에게는 간단한 언어만큼 쉽게 받아들여진다는 것이다.

어떤 아이도 말을 배우는 일에 지치지 않는다. 아이의 언어 체계는 언어를 하나의 전체로 제시한다. 이는 카메라 필름의 장치가 열 사람 이상의 사람을 찍으나 한 사람을 찍으나 똑같이 쉽게 작동하는 것과 아주 비슷하다. 필름은 찰나에 사진을 포착하지만, 한 사람의 초상화를 그리는 일은 시간과 노력을 요구하고 열 명의 초상화를 그린다면 10배의 시간과 노력이 걸린다.

또 다른 흥미로운 유추는 사진도 어둠 속에서 찍고 현상한다는 점이다. 사진은 최종적으로 확정되었을 때에만 빛 속으로 나올 수 있으며, 그러고 나면 변화시키는 것이 불가능해진다. 아이가 가진 인간의 언어 장치도 마찬가지다. 언어를 위한 인간의 장치도 잠재의식의 어둠 속 깊은 곳에서 시작해서 거기서 발달하고 고정되며, 그런 다음에야 공개적으로 드러난다.

출생 직후부터 매일 정확히 기록하면서 인내심 있게 실시한 관찰을 통해 획기적인 사실들이 확인되었다. 대단히 위대한 내면의 신비한 발달이 일어나고 있는 동안에, 그 발달에 상응하는 외적 신호는 매우 보잘것없었다. 내적 활동과 그 활동의 외적 표현 사이에 터무니없는 불균형이 보였던 것이다.

진전은 규칙적으로 직선을 그리며 일어나는 것이 아니라 갑작스럽게 이뤄지는 것으로 확인된다. 그래서 음절 정복과 단어 정복 사이에 몇 개월의 차이가 있다.

이 기간에는 발전이 전혀 일어나지 않는 것처럼 보인다. 다시 아이가 몇 개의 단어를 아는 선에서 오랫동안 정지한 것처럼 보이지만, 아이의 내면에서 벌어지는 삶에서는 위대한 발전이 지속적으로 이뤄지고 있다. 그 결과, 심리학자들이 '폭발 현상' 이라고 부르는 현상이 갑자기 나타난다.

아이는 삶의 어느 시기에 이르면 갑자기 단어들을 폭포처럼 쏟아내고, 모든 단어들을 완벽하게 발음한다. 그리고 나서 3개월 안에 아이는 관용구와 언어적으로 특이한 표현을 쉽게 활용한다.

이 모든 것이 민족을 불문하고 정상적인 아이인 경우에는 똑같이 만 2세가 될 때 일어난다. 이 같은 현상은 2년 뒤에도 일어난다. 복잡한 문장과 동사들의 시제와 법(法), 구문론적으로 어려운 것들을 사용하는 것도 마찬가지로 폭발적으로 늘어난다. 그러다가 언어의 표현이 완전해진다. 이제야, 잠재의식에 의해 준비되었던 이 보물은 의식으로 넘겨지고, 아이는 끊임없이 조잘거리면서 자신의 새로운 힘을 활발히 이용한다.

인간이 형성될 때, 생후 2년 반이 지능의 경계선처럼 보인다. 그 시기가 지나면, 발달은 더 이상 폭발적이지 않으며, 문명화된 환경에서 사는 아이도 어휘를 늘리고 열악한 환경에서 사는 아이도 어휘력을 키운다. 벨기에에서 과학적 실험을 실시한 관찰자들은 아이가 2년 반 되었을 때에는 단어를 겨우 200개를 알지만 다섯 살이 되면 수천 개의 단어를 알고 사용한다는 사실을 강조했다. 이 모든 것을 아이는 선생 없이 성취한다. 아이는 그런 것들을 홀로 배운 다음에 학교에 입학해서 알파벳을 배운다.

언어 능력에 관한 추가적인 사실들도 고려할 필요가 있다. 뇌의 대뇌피질에는 두 개의 센터가 있다. 하나는 언어를 듣는 청각 센터이고, 다른 하나는 언어의 생산을 담당하는 운동 센터다. 수용 또는 청각 센터는 정신 중에서 언어가 잠재의식적으로 발달하는 그 신비로운 부위와 귀와 관련 있다.

이 청각 기관은 출생 전에 완성되며, 공간의 효율성을 높이기 위해 조개 모양으로 길이가 점점 작아지는 64개의 줄을 가진, 일종의 하프 같은 곳이다.

우주의 모든 소리가 귀에 잡히지는 않는다. 줄이 64개에 지나지 않기 때문이다. 그러나 꽤 복잡한 음악도 그것으로 연주가 가능하다. 매우 미세하게 다른 어조와 악센트를 가진 언어도 그것으로 전달이 가능하다.

신기한 것은 심리학자들에 따르면 가장 더디게 발달하는 감각이 청각이라는 점이다. 그래서 아이 주변에서 온갖 종류의 소음을 일으켜도 아이는 별다른 반응을 보이지 않는다. 그러나 이것은 뇌의 그 센터들이 언어를 위해 설계되었기 때문이다.

이 장치 전체는 오직 구어에만 반응한다. 그래서 때가 되면 청각 센터가 받은 소리와 똑같은 소리를 재현하기 위해 운동 체계가 머지 않아 만들어질 것이다. 만약 이 센터들이 이처럼 특별히 고립되어 있지 않고 무슨 소리든 마음대로 받아들이도록 내버려 둔다면, 농가에서 태어난 아이는 농촌 생활의 소리들에 강한 인상을 받은 나머지 염소처럼 매매 울거나 돼지처럼 꿀꿀거리거나 닭처럼 꼬꼬댁거렸을 것이고, 철도에 가까운 곳에서 태어난 아이는 기차의 기적 소리나 칙칙폭폭 기차 달리는 소리를 내었을 것이다.

농촌의 아이나 기찻길 옆 아이가 그렇게 하지 않는 것은 자연이 인간이 말할 수 있는 인간의 언어를 위해 특별히 이런 센터들을 건설하고 준비해 두었기 때문이다. 이런저런 이유로 정글에 버려진 인간 아기들인 늑대 어린이들의 예가 있었다. 이런 아이들은 온갖 종류의 동물과 새들의 소리를 듣고 살았지만 완전히 벙어리 상태로 남아 있다. 이는 그 아이들이 구어 체계를 자극할 수 있는 인간의 말을 듣지 못했기 때문이다.

인간은 언어를 소유하는 힘이 아니라 언어를 창조하는 체계를 소유하는 힘 때문에 두드러진다. 뇌의 그 신비로운 장소에는 신 같은 존재가, 잠자는 자아 같은 것이 있으면서 진동을 일으키는 인간 목소리의 음악에, 어떤 신성한 부름에 일깨워지는 것 같다.

모든 인간 집단은 음악을 사랑하고, 자신만의 음악과 언어를 창조하며, 자신만의 음악에 육체의 움직임으로 반응한다. 이 음악은 단어들과 결합하지만, 단어들은 인간들이 합의를 통해 의미를 부여할 때까지 그 자체로는 어떤 의미도 지니지 않는다.

일부 전문가들은 이보다 더 빠르다고 말하는데, 생후 4개월이 되면 아이는 자신을 둘러싸고 있으면서 자신을 너무나 깊이 건드리고 있는 이 신비스런 음악이 인간의 입에서 나온다는 것을, 그리고 입술이 그 소리를 만들기 위해 움직인다는 것을 깨닫는다.

아기가 엄마의 입술을 얼마나 예리하게 보는지 한번 관찰해 보라. 아이의 움직임은 무의식적으로 준비될지라도, 이미 그 일에서 의식이 역할을 하고 있다. 이제 예리하고 날카로운 일련의 공부를 위해서 의식적인 관심이 나타난다. 아기는 이런 식으로 2개월 동안 밀접히 관찰한 뒤에 자신의 소리를 만들어낸다. 아기가 갑자기 '빠-바-바'라거나 '마-마-마'라고 하면서 음절들을 말하는 것이다.

만 10개월이 되면, 아기는 말은 최대한 가까이 모방해야 하는 음악일 뿐만 아니라 자신에게 던져진 소리에는 어떤 목적이 있다는 사실까지 깨닫는다. 그래서 생후 1년이 지나면, 두 가지 일이 일어나 있다. 아이가 무의식의 깊은 곳에서 이해를 했고, 의식의 높은 곳에서 언어를 창조한 것이다.

아직은 소리와 소리들의 결합을 반복하면서 혀짤배기소리를 내는 것에 불과하지만, 아이에겐 그건 분명 창조 행위이다. 그러다가 아이는 최초의 의도적인 단어를 내뱉는다. 마찬가지로 여전히 혀짤배기소리이지만, 그 단어는 분명히 의식적인 의미를 갖고 있다.

여기서 아이의 안에서 의식이 의식의 체계를 상대로 한 투쟁이 벌어진다. 그것은 지능이 많은 생각들을 갖고 있는 시기이며, 아기는 자신이 표현할 언어를 가질 수만 있다면 사람들이 자기를 이해할 수 있다는 사실을 알고 있다.

그것이 아이에겐 생의 첫 번째 실망이다. 이 실망이 아이가 무의식 속의 학교를 찾도록 몰아붙이고, 아이가 배우도록 자극한다. 언어를 이처럼 신속하게 습득하도록 하는 것은 의식적인 충동이며, 아이의 내면에 있는 선생은 아이가 자신에게 말을 거는 어른에게 가도록 하는 것이 아니라 자기들끼리 대화를 하고 있는 어른들에게로 가도록 만든다. 그 충동이 아이가 언어를 올바른 형태로 흡수하도록 강요하는 것이다.

그런데 대부분의 어른들은 아이의 진정한 욕구를 모르기 때문에 오직 아이에게 "아기의 언어"로 말하면서 아기에게 전혀 도움을 주지 못하고 있다. 우리는 아이가 지식을 갖고 있다는 것을 알아야 한다. 또 우리는 아이에게 문법에 맞게 말함으로써 아이가 문장을 분석하는 것을 도와야 한다.

한 살 내지 두 살 된 아이는 아주 절실히 필요한 것이 있는데도 그것을 표현할 단어를 발견하지 못할 수 있다. 그래서 아이는 흥분하고 때로는 화를 내는데, 그러면 아이의 행동은 모두 "원죄"로 돌려진다. 독립을 추구하느라 고군분투하고 있는 불쌍한 어린 인간이 어쩌다 이렇게나 심하게 오해를 받게 되었는지! 아이에게 적절한 수단이 부족한 경우에 아이가 할 수 있는 유일한 표현이 바로 화인 것이다.

1년 반 정도 될 때, 아이는 각각의 대상은 이름을 갖고 있다는 사실을 이해한다. 그래서 아이는 자신이 배운 단어들 중에서 명사들을, 특히 구상 명사들을 고를 수 있다. 그런 식으로 명사를 고르는 것이 아이에게 중요하다. 왜냐하면 아이가 이젠 자신이 원하는 것을 요구할 수 있기 때문이다.

아이는 전체 구절을 하나의 단어에 쑤셔 넣는다. 그렇기 때문에 어머니나 선생은 호의적이고 동정적인 마음으로 아이를 해석하기 위해 공부를 많이 해야 한다. 그렇게 함으로써 고통 받고 있는 한 영혼에게 평화를 안겨줄 수 있어야 하는 것이다.

구체적인 예를 하나 제시하고 싶다. 어느 스페인 아기가 소풍 현장에 어머니와 함께 있었다. 한여름이라 아기의 어머니는 더웠던 탓에 코트를 벗어 팔에 걸었다. 그러자 즉시 아기가 흥분하기 시작하면서 "토 팔다"라고 격하게 외쳤다. 나의 암시에 따라 아기 어머니가 코트를 제대로 입자, 아이도 금방 마음이 밝아지면서 까르르 웃었다. 아이가 외친 암호 같은 단어는 "오버코트"를 뜻하는 스페인어인 "Parleto"와 "어깨"를 뜻하는 "Espalda"를 축약한 것이었다. 그렇다면 코트가 어머니의 팔에 잘못 놓여 있다는 사실 때문에 아이의 질서 감각이 상처를 입은 것이나 마찬가지다. 그런 무질서는 아이가 참아줄 수 없는 것이었다.

또 다른 한 예는 1년 반 된 아이가 어른들의 대화 내용 전체를 얼마나 깊이 이해할 수 있는지를 보여준다. 5명의 어른이 모여서 어느 동화의 가치를 논하면서 "모두가 행복하게 잘 살았대요."라는 말로 대화를 마무리했다.

이 같은 결론에 아기는 불만이 가득한 상태에서 "롤라, 롤라!"라며 울기 시작했다. 사람들은 어린 아이가 보모를 원한다고 생각하고 보모의 이름을 불렀다. 그러나 그것도 도움이 되지 못했으며, 아이는 더욱 절망하고 더욱 심하게 화를 냈다. 그러다 마침내 아이는 책을 어렵게 집어 들고는 뒷장을 보여주었다. 거기에 울고 있는 아이의 그림이 있었다. 아이가 우는 것으로 끝났는데 그것이 어떻게 행복하게 끝난 것이 될 수 있는가? "롤라"라는 단어는 "llora"('울다'는 뜻)라는 스페인어 단어를 말하려는 시도였으며, 이로써 아이가 어른들의 대화 전체를 지적으로 추적한 것이 분명해졌다.

대개 어른의 오해 때문에, 불안이 어린이들의 삶의 한 부분을 차지하게 되었다. 사실은 이렇다. 아이의 내면에 표현할 길을 찾으려고 애를 쓰고 있는 것이 아주 많은데, 그 많은 것들은 환경뿐만 아니라 아이 자신의 한계에 따르는 어려움 속에서 그렇게 노력할 수 있을 뿐이다.

아이들 중에는 다른 아이들보다 더 강한 아이들이 있으며, 일부 아이들은 보다 호의적인 환경을 누리고 있다. 이런 아이들은 퇴행 없이 곧장 독립의 길로, 말하자면 정상적인 발달의 경로로 간다. 보다 큰 독립인 언어의 정복도 마찬가지다. 언어의 정복은 표현의 자유를 낳지만, 똑같이 퇴행의 위험을 안고 있다.

이 시기에 일어나는 장애의 효과는 영원히 남을 수 있다. 이유는 이 시기의 모든 인상은 영원히 각인되기 때문이다. 어른들은 종종 말을 하는 데 어려움을 겪는다. 구체적으로 보면, 용기가 부족해서 말을 망설이는 경우도 있고 말을 더듬는 예도 있다. 이런 결함들은 모두 언어 장치가 조직화될 때 비롯되었다.

이 같은 퇴행은 아이의 감수성 때문에 일어난다. 아이는 자신이 무엇인가를 만들도록 돕는 것에 민감하듯이 자신에게 지나치게 강하게 버티는 장애에도 민감하다. 그런 민감성은 나머지 삶 내내 하나의 결함으로 그와 함께 할 것이다.

언어로 하는 것이든 행동으로 하는 것이든 폭력의 형태는 아이에게 씻을 수 없는 상처를 입힌다. 또 다른 빗나간 감수성은 일부 어른들이 어린이들의 외적 표현을 억누르려 드는 성향 때문에 생긴다. 자식을 위해서 훈련이 잘 된 보모의 역할을 할 수 있는 어머니들은 "이건 하지 마!" "저건 하면 안 돼!"라는 식으로 말하려는 경향을 특별히 경계해야 한다. 어머니들의 그런 경향 때문에, 귀족들 사이에 어떤 형태의 언어 장애가 아주 흔하게 나타나고 있다. 그런 장애가 있는 귀족들은 육체적 용기가 부족하지 않으면서도 말을 하면서 망설이거나 더듬는다.

어른들 사이에서 확인되는 근거 없는 두려움과 신경질을 부리는 버릇은 그 뿌리를 파고들면 어린 시절의 감수성에 가해진 폭력으로까지 거슬러 올라간다. 따라서 이 시기의 아이의 삶을 면밀히 연구하는 것이 인류에게 아주 중요하다. 선생은 아이의 정신 속으로 침투하려고 노력하면서 이쪽으로 발견의 길로 들어서야 한다. 정신 분석가들이 어른의 무의식을 침투하듯이 말이다.

아이와 아이의 언어를 위해서 통역사가 필요하다. 이와 관련한 나 자신의 경험은 아이들이 도움을 얻을 수 있다고 깨달으면서 자신의 통역사 쪽으로 열심히 달려간다는 것이다. 이때 아이들이 쏟는 열성은 어리광을 부리며 주변의 보살핌 속에 자라는 아이가 보이는 덤덤한 애착과는 사뭇 다르다. 아이에게 통역사는 세상이 닫은 문을 열어주는 큰 희망이기 때문이다. 아이는 그런 위대한 조력자와 애착 그 이상으로 아주 밀접한 관계를 유지할 수 있어야 한다. 그가 아이에게 단순히 위안을 주는 것이 아니라 도움을 줄 수 있어야 하기 때문이다.

8장

운동과 교육

운동은 신경계의 결과이자 목적이다. 운동이 없으면, 어떤 개인도 존재하지 못한다.

신경계는 육체의 다른 체계들과 달리 뇌와 감각, 신경, 근육을 갖고 인간이 세상과 관계를 맺도록 한다. 신경계를 제외한 다른 체계들은 전적으로 육체적인 개인만을 도우며, 그래서 자율적 삶을 위한 신체기관이라 불린다. 자율적인 체계들은 인간이 육체의 순수와 건강을 누리도록 돕지만, 신경계는 정신의 순수와 고양보다도 높은 목표를 갖고 있다.

동물들의 행동은 단순히 운동의 아름다움과 우아함을 추구하는 것이 아니라 자연의 전체적인 질서를 돕기 위해 보다 깊은 어떤 목적을 추구하고 있다. 그렇듯 인간도 단순히 다른 사람들보다 더 순수하고 섬세하겠다는 그런 목적이 아니라 자신의 정신이 갖고 있는 많은 것을, 말하자면 자신의 미학적 위대성을 다른 사람들을 위해 사용할 수 있는 그런 어떤 목적을 갖고 있다.

사람의 능력들은 실현되어야 하며, 그렇게 함으로써 관계의 순환이 마무리된다. 이 같은 관점은 삶의 실천에서만 아니라 교육에서도 고려되어야 한다. 만약 뇌와 감각, 운동 기관들이 있다면, 그것들은 반드시 기능을 발휘해야 한다. 이 모든 부분이 활용되지 않는다면, 우리는 그것들을 이해하고 있다고 자신 있게 대답하지 못한다. 운동은 생각의 사이클을 마무리하는 마지막 부분이며, 정신적 고양은 행위나 일을 통해 성취된다.

사람들은 일반적으로 근육은 건강을 지키는 데 이용되어야 한다고 생각한다. 그래서 사람들은 움직이기 위해서 테니스를 치거나 소화 기능을 높이고 잠을 잘 자기 위해 산책을 한다.

이 같은 실수가 교육에까지 스며들었다. 그것은 위대한 왕자를 일개 양치기의 종으로 만드는 것만큼이나 터무니없는 실수다. 왕자나 다름없는 근육계가 자율적인 체계들이 기능을 더 잘

하도록 돕는 핸들이 되어 버린 것이나 마찬가지이니 말이다.

이것은 중대한 실수다. 육체적 삶이 정신적 삶과 완전히 분리되어 있다. 그렇기 때문에 놀이가 교과 과목에 포함되어야 한다. 그래야만 아이가 정신적으로만 아니라 육체적으로도 잘 발달할 것이다. 정신적 삶이 육체적 오락과 아무런 관계가 없는 것은 사실이지만, 우리는 자연이 함께 놓아둔 것을 분리시키지 못한다. 우리는 육체적 삶과 정신적 삶을 따로 고려함으로써 관계의 사이클을 깨뜨리고 있으며, 인간의 행동들이 대체로 뇌와 분리되게 되었다. 인간의 행동들이 먹고 숨쉬는 행위를 돕고 있지만, 운동은 전체 생명의 하인이 되어야 하고 세상의 정신적 질서의 하인이 되어야 한다.

인간의 행동들이 센터, 즉 뇌와 연결되어 제 자리에서 일어나야 하는 것은 근본적이다. 정신과 운동은 동일한 사이클의 두 부분이며, 운동은 외적 표현이다. 그런 식이 아니라면, 인간은 뇌 없는 근육 덩어리로 발달하고, 뼈가 부러진 경우처럼 무엇인가가 제자리에 있지 않으면서 사지를 무능하게 만들 것이다.

우리의 새로운 교육에는 정신적 발달이 운동과 연결되고 또 운동에 의존하는 것이 필수이다. 운동이 없으면, 발전도 절대로 있을 수 없고 정신적 건강도 절대로 있을 수 없다. 이것이 진리라는 것은 형식적인 증명이나 증거를 전혀 필요로 하지 않는다. 자연을 지켜보면서 자연에서 일어나는 사실들을 관찰하는 경우에, 특히 아이의 발달을 지켜보는 경우에 그런 확신은 저절로 생겨난다.

과학적 관찰은 지능이 운동을 통해 발달한다는 것을 보여주고 있다. 세계 곳곳에서 이뤄진 실험은 운동이 정신적 발달을 돕는다는 것을, 또 이 정신적 발달은 다시 운동을 추가로 일으킨다는 것을 뒷받침하고 있다. 그렇다면 마무리되어야 할 어떤 사이클이 있음에 틀림없다. 이유는 정신과 운동이 같은 통일체에 속하기 때문이다. 감각도 도움을 준다. 그래서 감각에 결함이 있는 경우에 아이가 지적으로 떨어지게 된다.

운동을 정신의 보다 고차원적인 표현으로 보는 것이 논리적이다. 왜냐하면 뇌에 좌우되는 근육들이 개인의 의지에 따라 움직인다는 뜻으로 수의근(隨意筋)이라 불리고, 의지가 그처럼 중요한 에너지이며, 의지가 없는 경우에 정신적 삶이 존재할 수 없기 때문이다.

근육은 육체의 큰 부분을 이루면서 육체에 모양을 부여하고 있다. 근육은 수적으로 엄청나게 많고, 미세하고 거대하며, 짧고 길며, 다양한 기능들을 갖고 있다. 근육에 관한 한 가지 신기한 사실은 한 근육이 특정 방향으로 기능을 하면 다른 한 근육은 반드시 정반대 방향으로 기능을 하며, 운동의 세련은 이 반대편 방향에 좌우된다는 것이다. 그 사람 본인은 이 반대 방향을 의식하지 않지만, 그것이 운동이 일어나는 방식이다.

동물들에겐 운동의 완벽이 자연에 의해 주어진다. 호랑이나 다람쥐의 우아함은 그런 조화를 이루기 위해 반대 방향으로 작용하는 것들이 풍부하기 때문이다.

인간의 경우에 이 체계는 태어날 때에 존재하지 않기 때문에 창조되어야 한다. 이 체계를 창조하는 작업은 환경 속에서 실제 경험에 의해서 이뤄진다. 그것은 운동의 연습이기보다는 협동의 연습이다. 인간 아이의 경우에는 이 협동이 미리 정해져 있지 않으며 정신을 통해 창조되고 완성되어야 한다.

인간의 한 가지 특징은 모든 운동을 할 수 있고 또 운동을 어떤 동물보다도 더 멀리까지 확장할 수 있으며, 일부 운동은 자신만의 것으로 만들 수도 있다는 점이다. 인간은 행동에서 보편적인 기술을 갖고 있다. 단지 한 가지 조건이 붙는다. 먼저 인간이 처음에는 잠재의식적으로 의지를 통해서, 이어서 자발적으로 조정을 위한 연습을 되풀이하면서 자기 자신을 스스로 만들어야 한다는 것이다.

인간은 풍부한 잠재력 중에서 이용할 것을 선택한다. 체조 선수라고 해서 체조를 돕는 특별한 종류의 근육을 타고나는 것은 절대로 아니며, 무용가도 마찬가지로 그 예술에 어울리는 세련된 근육을 타고나지 않는다. 체조 선수나 무용가나 똑같이 의지로 특별한 움직임에 필요한 근육을 발달시킨다. 그렇다면 미리 확립된 것은 아무것도 없지만 모든 것이 의지의 지휘 아래에서 가능하다고 볼 수 있다.

인간들은 다른 동물들과 달리 모두가 똑같은 것을 하지 않는다. 인간은 저마다 추구할 자신만의 길을 갖고 있으며, 일은 인간의 정신적 삶의 중요한 표현이다. 일을 하지 않는 사람들은 정말로 정신적 쇠퇴를 겪을 위험을 안고 있다.

근육이 너무나 많아서 다 움직이지 못할지라도, 움직이는 근육의 숫자가 일정 수준 이하로 떨어지면 정신적 삶이 위험해지게 된다. 이 같은 사실에 대한 깨달음이 체조를 교육 과정에 포함시키도록 했다. 너무나 많은 수의 근육이 사용되지 않은 채 남아 있었기 때문이다.

정신적 삶은 더욱 많은 근육을 이용해야 하지만, 그 근육들을 사용하는 주요 목적은 일부 형태의 현대적 교육이 기술적이라고 부르는 그런 실용성이 되어서는 안 된다. 진정한 목표는 인간이 정신적 삶의 실질적인 측면을 강화하는 데 필요한 운동의 조정을 발달시키는 것이다. 그렇게 하지 않으면 뇌가 정신의 지배적인 방향과 동떨어진 일련의 운동을 발달시켜야 하는데, 그것이 세상에 혁명과 재앙을 부를 수 있다. 일이 삶의 기술에서 가장 먼저 오지 않을 수는 있지만, 자기완성과 자기실현은 일을 통해서만 가능하다. 사실 운동에 의해 성취되는 이 자기 집중화는 반드시 확장되어야 하며, 그 확장에는 한계가 전혀 없다.

다른 동물의 경우에는 4개의 다리가 운동에서 함께 발달하는 반면에, 인간만은 다리의 기능과 팔의 기능이 서로 꽤 다르며 다리와 팔은 달리 발달한다. 걷기와 평형 상태의 발달은 모든 인간의 안에 결정되어 있으며, 그래서 하나의 생물학적 사실이라고 부를 수 있다.

모든 인간이 다리로는 똑같은 것을 하지만, 팔로는 다 다른 것을 하며 팔의 활동에는 어떠한 제약도 없다. 발의 기능은 생물학적일지라도, 발의 기능에 이어 뇌 안에서 발달이 일어난다. 그 결과, 인간은 두 발로만 걷는 반면에 다른 포유류는 4개의 발을 이용한다. 언젠가 인간은 두 다리로 걷는 기술을 성취하고 똑바로 서는 평형 상태를 유지하지만, 그것은 힘든 성취였으며, 동물들과 달리 발가락만 아니라 발 전체가 땅에 닿을 것을 요구하는 진정한 정복이라고 부를 만하다.

분명히, 손은 그런 생물학적 지침을 전혀 갖고 있지 않다. 손의 행동이 고정되어 있지 않기 때문이다. 그러나 손은 그 발달을 개인의 정신에만 아니라 다양한 시대와 다양한 인종 집단의 정신적 삶에 의지하면서 어떤 심리학적 연결을 갖고 있다.

생각하고, 손을 갖고 행동하는 것이 인간의 한 특징이다. 아주 이른 시대부터 인간은 문명의 유형에 따라서 거칠거나 세련된 일의 흔적을 남겼다. 뼈조차도 남지 않은 희미한 과거 속을 들여다보면서, 우리는 예술 작품을 통해서 그것을 남긴 사람들과 그들의 시대에 대한 지식을 얻는다. 힘을 바탕으로 한 어떤 문명은 현대인의 경이감을 불러일으키는 거대한 석조물을 남긴 반면에, 다른 문명은 세련미를 갖췄던 것으로 드러난다.

손은 지능과 정신, 감정을 따랐으며, 떠돌아다니는 인간의 뒤로 온갖 흔적을 남겼다. 심리학적 관점과 별도로, 인간의 환경에 일어난 모든 변화는 인간의 손에 의해 이뤄져 왔다. 문명이 건설될 수 있었던 것은 손들이 지능을 수반했기 때문이다. 따라서 손은 인간에게 어마어마한 보물을 준 신체기관이라고 할 수 있다.

덧붙여 말하자면, 수상술(手相術)이라는 고대의 기술은 손이 정신적 기관이라는 인식에 근거하고 있다. 수상술을 믿는 사람들은 사람의 모든 역사는 그 사람의 손바닥에 쓰여 있다고 주장한다. 그러므로 아이의 정신적 발달에 관한 연구는 손의 발달에 관한 연구와 밀접히 연결되어야 한다.

분명히, 아이의 지능은 손을 활용하지 않아도 어느 수준에는 이를 것이지만, 손을 활용하면 그보다 훨씬 더 높은 수준까지 이를 수 있다. 또 자신의 손을 이용한 아이는 틀림없이 보다 강한 성격을 발달시키게 된다. 환경에 따른 제약 때문에 손을 사용하지 못하는 아이는 열등한 유형의 인격을 형성하고 복종하지 못하거나 독창력을 발휘하지 못하며 게으르거나 슬픈 반면에, 자신의 손을 갖고 작업할 수 있는 아이는 인격의 견실성을 보인다. 그림과 힘, 종교에서 그 솜씨가 절정에 달했던 시기의 이집트 문명과 관련해서 흥미로운 사실 한 가지는 묘비에 새겨진 글을 보면 최고의 찬사가 인격자라고 불렸다는 점이다.

언어에 대한 연구에서, 말은 특별히 청각과 연결되어 있다는 사실이 분명히 드러났다. 마찬가지로, 운동의 발달은 시각과 연결되어 있는 것으로 확인된다. 운동의 첫 단계는 파악하거나 포착하는 단계이다.

손이 무엇인가를 집자마자, 의식이 손으로 불려오며, 이해가 일어난다. 처음에 본능적이었던 이 과정은 의식적인 운동이 되고 있다. 생후 6개월이 되면, 이 과정은 전적으로 의도에 의해 일어난다. 10개월이 되면, 환경에 대한 관찰이 아이의 관심을 일깨우고, 그러면 아이는 모든 것을 포착하길 원한다. 그래서 이젠 파악이 욕구를 수반한다. 아이는 주변에 있는 사물들의 위치를 바꾸거나, 문을 열고 닫거나, 서랍을 잡아당기거나, 병 마개를 병 속으로 쑤셔넣음으로써 손을 운동시키기 시작한다.

이 시기에, 평형 상태를 관장하는 소뇌가 급속도로 발달함에도 불구하고, 다리와 관련해서는 지능이나 의식이 불려나오지 않는다. 환경은 균형 상태와 아무런 관계가 없다. 소뇌가 명령하면, 아이는 자신의 노력과 타인의 도움을 받아 똑바로 앉고 이어서 스스로 일어나게 된다.

먼저 아기는 배가 밑으로 가도록 몸을 거꾸로 뒤집고, 팔다리로 걷는다. 만약 이처럼 기어 다니는 시기에 성인이 아이에게 손가락 두 개를 내민다면, 아이는 두 발 중 하나를 다른 발 앞으로 옮겨 서 있지만 꼭 발끝으로만 선다. 그러다 마침내 홀로 서 있을 때가 되면, 아이는 발바닥 전체를 땅에 딛고 어머니의 치맛자락을 잡고 걸을 수 있다.

이 시기가 지나면 아이는 혼자서 걸으면서 이 새로운 독립에 환호성을 지른다. 이때도 어른이 계속 도와준다면, 그 도움은 아이가 발달하는 길에 장애로 작용할 것이다. 어른은 아이가 걷는 것을 도와주지 말아야 한다. 또 아이의 손이 일하기를 원하면, 우리는 아이에게 활동하게 할 동기를 부여하고 아이가 보다 큰 자유를 정복하고 나서도록 내버려 둬야 한다.

생후 1년 반 정도 되는 아이에게서 눈에 두드러지게 나타나는 중요한 요소는 손과 발의 힘이다. 따라서 무엇이든 하려는 아이의 충동은 최고의 노력을 이용하게 되어 있다.

지금까지 균형 상태와 손의 이용이 따로 발달해 왔지만, 이제부터 두 가지는 서로 접하게 된다. 그래서 아이는 짐을 들고 걷기를 좋아하며, 종종 덩치에 비해 지나치게 큰 것을 들려고 한다. 쥐는 것을 배운 손은 무거운 것을 옮김으로써 운동을 해야 한다. 그래서 이 나이의 아이는 균형 상태와 걷기를 서서히 조정하면서 커다란 물병을 들기도 한다.

중력의 법칙에 맞서려는 경향도 보인다. 걷기만으로 만족하지 못하고 무엇인가를 붙잡고 자신을 끌어올림으로써 위로 올라가야 하는 것이다. 이어서 모방의 시기가 따른다. 그때엔 자유롭게 움직이는 아이는 주변의 어른들이 하는 행동을 그대로 따라 하길 좋아한다. 그렇다면 여기서 자연적 발달의 논리가 보인다. 먼저, 아이는 자신의 도구인 손과 발을 준비시키고, 이어서 연습을 통해 힘을 얻고 그 다음에는 다른 사람들이 하는 것을 보고 모방하면서 삶과 자유를 위해 스스로를 준비시킨다.

이런 활동이 일어나는 시기에, 아이는 먼 거리를 걷기를 원하는 위대한 여행자가 된다. 그런데도 어른들은 아이를 안고 다니거나 보행기에 태우려 한다. 그래서 가엾은 아이는 상상 속에서만 걸을 수 있을 뿐이다. 아이는 걸을 기회를 누리지 못한다. 어른들이 안고 다니기 때문이다. 아이는 일을 하지 못한다. 어른들이 아이를 위해서 대신 해 주기 때문이다. 그리하여 우리 어른들은 삶의 출발선에서부터 아이에게 열등 콤플렉스를 안겨 주고 있다.

9장

모방 행위와 행동 사이클

생후 1년 반이 심리학자들에게 지대한 관심의 대상이 되고 있으며, 교육에도 대단히 중요하다. 생리학적으로 보면, 그 시기는 손과 발 사이에 조정이 이뤄지는 때이며, 심리학적으로 보면 그 시기의 아이는 인간으로서의 모든 힘을 드러내기 직전 상태에 있다. 2세가 되면 아이가 언어의 폭발을 통해서 스스로를 완성시킬 것이기 때문이다. 이미 아이는 자신의 안에 있는 것을 밖으로 드러내기 위해 노력하고 있다.

아이가 최고의 노력을 쏟는 것이 이 시기라는 것은 널리 인정받고 있는 사실이다. 당연히 어른들은 아이의 노력을 뒷받침해

쥐야 한다.

또 이 시기에 아이들이 모방 본능을 보이는 것도 사실로 인정받고 있다. 어른들은 언제나 아이들이 모방한다고 말해 왔지만, 그것은 부모와 선생이 어린 아이에게 훌륭한 모범이 되어야 한다는 점을 말해주는 피상적인 진술일 뿐이었다. 그 결과가 전적으로 행복했던 것은 아니었다. 왜냐하면 부모와 선생 모두가 완벽한 본보기가 되어야 한다고 생각하고 있었음에도 불구하고 스스로도 완벽한 본보기와는 거리가 너무 멀다는 것을 알고 있었기 때문이다.

우리는 완벽한 인간을 원했고 또 우리는 인간이 우리를 모방함으로써 완벽해져야 한다고 생각했지만, 우리는 불완전했다. 그래서 절망적인 교착이 있었다.

그러나 자연은 그런 추론을 따르지 않았다. 중요한 것은 아이가 모방을 위해 준비를 해야 한다는 것이며, 아이의 노력에 좌우되는 이 준비가 중요하다. 노력은 모방에 쏟는 것이 아니라, 정신 안에 모방의 가능성을, 즉 자기 자신을 자신이 원하는 것으로 변화시킬 가능성을 창조하는 데에 쏟아야 한다.

아이는 단순한 모방만으로 피아니스트가 될 수 없으며, 필요한 민첩성을 얻도록 자신의 손을 준비시켜야 한다. 보다 높은 차원의 영웅과 성자들의 이야기를 들려준다고 해서 아이를 영웅이나 성자처럼 만들지 못한다. 아이의 정신이 준비가 되어 있지 않은 이상, 그런 것은 불가능하다.

모방은 영감과 관심을 불러일으키지만, 그러기에 앞서 반드시 모방할 준비가 되어 있어야 한다. 자연은 단순히 모방 본능을 주는 것이 아니라, 본보기가 제시하는 쪽으로 변하려는 노력을 부여한다. 그렇기 때문에 아이의 삶을 도와줘야 한다고 믿는 교육자들은 자신들이 아이의 이런 노력을 어떤 식으로 도울 수 있는지를 알아야 한다.

이 나이의 아이는 어떤 일을 하기 시작한다. 아마 아이가 하려는 과제는 성인의 추론에는 터무니없어 보일 것이다. 그러나 그런 점은 전혀 중요하지 않다. 아이는 그 활동을 끝까지 마무리할 수 있어야 한다. 아이에겐 행위의 완성을 추구하려는 중요한 충동이 있다. 이 충동의 사이클이 깨어지면, 그 결과는 정상으로부터의 일탈과 목적의 결여로 나타난다.

미래의 삶을 간접적으로 준비하는 노력인 행위의 이런 사이클에 오늘날 엄청난 중요성이 부여되고 있다. 인간들은 삶을 사는 내내 간접적으로 미래를 준비한다. 무엇인가 위대한 것을 이룬 사람들을 보면, 그 전에 무엇인가를 추구했던 시기가 있었던 것이 두드러진 특징이다. 위대한 것을 이루기 전에 추구했던 것이 반드시 위대한 것과 동일한 방향일 필요는 없지만, 정신을 준비시킨 그 노력만은 위대한 것을 이루기 전이나 후나 똑같이 치열했다.

그런 노력은 반드시 최대한 확장되어야 하고, 그 노력의 사이 클은 완성되어야 한다. 그러므로 어른들은 아무리 터무니없어 보이더라도 아이의 행동을 간섭하고 나서서는 안 된다. 생명이 나 신체를 위협할 정도로 위험하지 않은 이상, 아이의 행동에는 간섭하지 않도록 하라. 이 점을 반드시 이해해야 한다. 아이는 자신의 활동 사이클을 반드시 완성해야 한다.

이 활동은 온갖 흥미로운 형태로 나타난다. 한 가지 형태는 자신의 힘에 버거울 만큼 무거운 것을 뚜렷한 이유도 없이 갖 고 다니는 것이다.

어느 친구의 집에서 나는 아기가 무거운 발판들을 방의 이쪽 끝에서 저쪽 끝으로 하나씩 차례로 끙끙거리며 옮기는 것을 본 적이 있다. 이 나이의 아이들은 지칠 때까지 물건들을 한쪽으로 옮겼다가 다시 원래 자리로 갖다 놓기를 반복할 것이다. 이런 경우에 어른의 일반적인 반응은 연약한 아이에게 동정을 느끼 면서 아이에게 달려가서 무거운 짐을 내려놓게 하는 것이다. 그러나 심리학자들은 아이가 선택한 행동 사이클을 이런 식으로 방해하는 것이 그 나이에 가장 위험한 억압이라는 점을, 잘못하다가는 그것이 훗날 문제로 이어질 수 있다는 점을 인정했다.

아이가 즐기는 또 다른 노력 하나는 계단을 오르는 것이다. 그 목적은 위층에 올라가는 것이 아니다. 왜냐하면 계단 맨 꼭대기에 도착하자마자 아이가 그 행위의 사이클을 완성하기 위해 출발점으로 내려와야 하기 때문이다.

나는 매우 가파른 계단을 오르고 있던 아이를 본 적이 있다. 계단 하나가 아이의 허리까지 닿았기 때문에, 아이는 자신의 몸을 끌어올리기 위해 두 손을 다 사용해야 했으며 이어서 다리를 아주 어려운 자세로 잡아당겼다. 그러나 아이는 끈질기게 맨 꼭대기까지 올라갔다. 무려 마흔다섯 계단이었다.

그런 다음에 아이는 뒤를 돌아보면서 자신이 성취한 것을 눈으로 확인하다가 그만 중심을 잃고 계단을 미끄러져 내렸다. 당연히 계단은 두꺼운 카펫으로 덮여 있었으며, 그래서 아이는 거의 부상을 입지 않았다. 아이는 엉덩방아를 찧으며 다시 맨 밑바닥으로 떨어지면서 방 안에 있던 우리를 마주보게 되었다. 우리는 아이가 울음보를 터뜨릴 것이라고 생각했지만, 아이는 마치 "올라갈 땐 정말 어려웠는데 내려오는 건 너무 쉽잖아!"라고 말하는 것처럼 웃음을 지어보였다.

가끔 아이의 이런 노력은 강함을 의미하기보다는 주의력과 운동의 정밀한 조정을 의미한다. 한 살 반인 아이가 집안을 마음대로 돌아다니고 있었다. 이 아이는 그러다가 세탁실에 들어가게 되었다. 거기엔 큰 냅킨 열두 장이 가지런히 개어져 있었다. 아이는 두 손으로 맨 위의 냅킨을 집어 들다가 그것이 냅킨 무더기에서 빠져나온다는 사실을 확인하고는 행복해 하면서 그것을 거실 저쪽 구석에 갖다가 조심스럽게 놓았다. 이 일을 끝낸 뒤, 아이는 다른 냅킨을 가지러 다시 세탁실로 갔으며, 이 일을 열두 번이나 반복하면서 그때마다 "하나!"라고 셌다.

아이가 자신이 선택한 곳으로 냅킨을 다 옮겼을 때, 우리는 아이의 행동이 이제 끝났으려니 생각했지만 그것이 다가 아니었다. 마지막 냅킨이 거실 구석에 놓이자마자, 아이는 그것을 원래의 자리로 하나씩 다시 갖다 놓기 시작했으며 그때마다 "하나!"라고 말했다. 아이의 주의력은 놀라울 정도였으며, 자기 나름대로 할 일을 열심히 하는 아이의 얼굴에선 즐거운 표정이 떠나지 않았다.

만 2세가 되면, 아이는 산책하려는 욕구를 느낀다. 그런데 대부분의 심리학자들은 이 욕구를 고려하지 않는다. 아이는 1마일 아니 2마일도 걸을 수 있으며, 걷는 코스의 일부가 언덕이라면 아이에게 그만큼 더 즐거운 일이다. 이유는 아이가 올라가는 것을 좋아하기 때문이다.

아이와 함께 하는 걷기에서 어른들을 힘들게 만드는 지점들은 아이의 흥미를 자극하는 지점이다. 그러나 어른들은 걷기가 아이에게 무엇을 의미하는지를 깨달아야 한다. 아이는 걷지 못한다는 어른들의 생각은 어른들이 아이가 어른들의 속도로 걷기를 기대한다는 사실에서 비롯된다. 그래서 아이가 짧은 다리 때문에 어른들의 속도를 맞추지 못하면, 어른들은 아이를 안고 목표 지점에 빨리 닿는다.

그러나 아이는 어디든 닿기를 원하는 것이 아니다. 아이는 그냥 걷기를 원한다. 따라서 아이를 진정으로 돕기를 원한다면, 어른은 아이를 따라야 하며 아이가 어른과 보조를 맞출 것이라고 기대하지 말아야 한다. 여기서 아이를 따라야 할 필요성이 명확하게 확인되고 있지만, 정말이지 교육의 모든 측면과 모든 분야에서 그것이 원칙으로 여겨지지 않고 있다. 아이는 자신만의 성장 법칙들을 갖고 있으며, 그런 아이가 성장하는 것을 돕기를 원한다면, 우리는 아이에게 어른의 법칙을 강요할 것이 아니라 아이를 그냥 따라야 한다.

아이는 다리로도 걸을 뿐만 아니라 눈으로도 걷는다. 걸어가는 길 내내 아이를 앞으로 끌어당기는 것은 재미있는 사물들이다. 아이는 풀을 뜯고 있는 양이 보이는 곳까지 걷는다. 아이는 양에게 끌리고 양 옆에 앉아서 풀을 뜯는 모습을 지켜본다.

이 경험에 충분히 만족하고 나면, 아이는 더 멀리 가면서 꽃을 보고 옆에 앉아서 코로 향기를 맡는다. 아이는 어떤 나무에 끌려 조금 더 멀리까지 걸은 다음에 그 나무를 네댓 바퀴 돈 뒤에 다시 앞을 향해 걷는다. 이런 식으로 아이는 수 마일까지 걸을 수 있다.

그 길 중간에 쉬는 시간이 여러 번 있고, 흥미로운 발견도 있다. 만약 그 길에 힘든 무엇인가가, 예를 들어 올라갈 바위가 있거나 건너야 할 물이 있으면, 아이의 행복의 잔은 흘러넘친다. 물은 중요한 매력이며, 가끔 아이는 물가에 쪼그리고 앉아서 기쁜 마음으로 "물"이라고 말할 것이다. 그때 아이와 함께 산책하는 어른은 보잘것없는 개울이라면서 그곳을 그냥 지나치고 있을지도 모른다.

그렇듯 아이는 걷기에 대해 보모와 다른 생각을 품고 있다. 아이의 보모는 어느 지점까지 최대한 빨리 닿기를 원하고 있으니 말이다. 보모는 산책을 위해 아이를 공원으로 데려가서 아이

가 덮개가 달린 보행기 안에서 공기를 마시도록 내버려둔다. 그
래서 아이는 많은 것을 보지 못한다.

교육은 걷기를 좋아하는 어린 아이를 한 사람의 탐험가로 보
아야 한다. 아이들은 모두 이런 식으로, 말하자면 매력적인 것
에 이끌리면서 걸어야 한다. 이때 교육은 아이에게 나뭇잎의 색
깔과 모양, 형태를 소개하고 벌레와 동물과 새들의 습성을 소개
함으로써 아이를 도와줄 수 있다.

이 모든 것들은 아이가 밖으로 나갈 때 아이의 주의를 끈다.
아이는 배우는 것이 많을수록 더 많이 걷게 된다. 걷기는 그 자
체로 완전한 운동이다. 다른 운동을 별도로 할 필요가 전혀 없
다. 걷기만으로도 아이가 호흡과 소화 기능을 높일 수 있기 때
문이다. 말하자면 운동에서 기대할 수 있는 이점을 누리게 된다
는 뜻이다.

걷기로 육체의 아름다움도 이룰 수 있다. 만약 아이가 꺾거나
분류할 만한 흥미로운 무엇인가를 발견한다면, 혹은 파야 할 구
덩이가 있거나 땔감이 필요하다면, 걷기를 수반하는 이런 행위
들은 운동으로 완벽하다.

특히 사람들이 거의 자동차로 이동하고, 따라서 근육을 제대
로 쓰지 않고 게을러지기 쉬운 오늘날엔 이것이 교육의 일부가

되어야 한다. 삶은 칼로 베듯이 두 쪽으로 나눠지지 않는다. 운동으로 사지를 움직이고, 독서로 정신을 움직이는 식으로 서로 뚜렷이 구분되지 않는다는 뜻이다. 삶은 하나의 전체가 되어야 한다. 아이가 스스로를 건설하고 있는 초기에는 특히 더 그래야만 한다.

자연스런 성장 노선을 따르고 있는 아이의 독립을 방해하지 않고 이해하고 존중해줄 사람들을 발견하기가 너무나 어렵기 때문에, 심리학자들은 아기들이 작업할 수 있는 장소를 요구하고, 따라서 매우 어린 아이들, 심지어 한 살 반짜리 아이들을 위한 학교까지 생겨나고 있다. 이 학교에서는 온갖 것들이 제공되고 있다. 숲 속의 집도 있고, 오르내리는 사다리도 있다. 자그마한 집은 사는 것이 아니라 올라가는 활동을 유도할 관심의 중심으로 제공되고 있다.

아이가 자유로운 민주주의에서 가치 있는 시민으로 성장하길 원한다면, 교육은 아무리 일찍 시작해도 결코 빠르지 않다는 인식이 필요하다. 어른이 아이가 삶을 시작하는 단계에서부터 독재를 겪도록 하고 독재자에게 복종하도록 하면서, 어떻게 우리가 민주주의나 자유에 대해 논할 수 있겠는가? 우리가 노예를 길러놓고는 어떻게 민주주의를 기대할 수 있겠는가?

진정한 자유는 삶의 초기에 시작하지, 어른의 단계에서 시작하지 않는다. 힘을 많이 잃은 아이들은 보는 시각이 좁고, 정신적 피로로 인해 활력을 잃은 상태이다. 그런 아이들의 육체는 일그러져 있고, 의지는 "너의 의지를 버리고 나의 의지를 따르라!"라고 말하는 나이 많은 사람들 때문에 깨어졌다. 이런 아이들이 학교생활을 끝내고 사회생활을 시작하면서 자유의 권리를 받아들이고 이용할 수 있을 것이라고 기대하는 것이 과연 타당한가?

10장

세 살 아이

자연은 만 3세 전과 후를 뚜렷이 구분하는 것 같다. 만 3세 이전의 시기는 창조적이고 중요한 사건들로 가득함에도 불구하고 육체적 출생 이전의 태아의 삶과 비슷하게 잊히는 시기이다. 왜냐하면 만 3세가 되는 시점부터 완전한 의식과 기억이 시작되기 때문이다.

정신적 태아의 시기에 발달이 일어나지만, 그 발달은 언어와 팔다리의 운동과 그 운동의 조정, 감각의 발달처럼 서로 상관없이 별도로 일어났다. 출생 전에 육체적 태아의 시기에 신체기관들이 하나씩 독립적으로 나타난 것과 비슷하다.

그러나 인간은 이런 발달에 대해 전혀 아무것도 기억하지 못한다. 이유는 아직 인격의 통일 같은 것이 전혀 없기 때문이다. 그런 통일은 완성된 부분들의 결합을 통해서만 가능하다. 이 같은 잠재의식적, 무의식적 창조물인 이 잊힌 아이는 인간으로부터 지워지는 것 같으며, 만 3세에 우리에게 다가오는 아이는 불가해한 존재처럼 보인다.

그때까지 이 아이와 우리 사이의 의사소통은 완전히 자연에게 빼앗겼다. 그래서 우리는 만 3세 이전에 아이에게 일어난 모든 일들에 대해 알거나 자연 자체에 대해 알아야 한다. 그래야만 자연이 건설하는 것을 우리가 무심코 파괴하는 일이 벌어지지 않을 것이다.

인간은 파괴적인 문명의 길을 위해 자연스런 생명의 길을 포기했으며, 문명화된 인류가 인간의 육체적인 부분만을 보호하고 정신적인 부분을 보호하지 않은 결과 아이에게 나타나게 된 것이 바로 일종의 감옥이다. 말하자면, 아이의 발달을 방해하는 요소들이 가득한 환경이 조성되기에 이르렀다는 뜻이다.

아이는 완전히 어른들의 보살핌 속에서 자라고 있으며, 어른들은 자연의 지혜나 과학을 통해서 머리가 깨어 있지 않다면 아이의 삶에 엄청난 장애물들을 놓을 것이다. 3세가 된 아이는 그때까지 자신이 창조한 것들을 활용하면서 환경을 직접 경험함으로써 발달해야 한다. 아이는 3세가 되기 전에 일어난 사건들을 망각했지만, 이젠 그 아이가 창조한 능력들이 의식적인 경험을 거치면서 의식의 표면으로 떠올랐다.

지능의 안내를 받는 아이의 손은 정신의 의지를 실행하면서 일종의 일을 한다. 예전에 지능을 통해서 세상을 받아들였던 아이가 이젠 손으로 세상을 받아들이는 셈이다.

아이는 언어에서 시작해서 자신이 이전에 습득한 것들을 완성시키길 원한다. 언어는 아이의 발달 수준에서 보면 이미 완전하지만, 4세 반이 될 때까지 더욱 풍부해진다.

아이의 정신은 여전히 피로를 모른 채 흡수하는 그런 태아의 힘을 계속 지니고 있지만, 지적 이해에 직접적으로 나서는 신체 기관은 이제 손이다. 아이는 이리저리 돌아다니지 않고 손으로 일을 함으로써 발달을 꾀한다. 이 나이의 아이는 끊임없이 작업을 벌인다. 손을 바쁘게 움직일 수 있다면, 아이는 언제나 행복하고 쾌활하다.

어른들은 그 시기를 놀이로 축복을 받은 시기라고 부르고, 사회는 아이의 활동에 부응하기 위해 장난감을 만들었다. 그래서 아이에겐 지능을 발달시킬 수단이 주어지지 않고 쓸모없는 장난감이나 주어지게 되었다.

아이는 모든 것을 건드리길 원하는데도, 어른들은 아이가 어떤 것은 건드리게 하고 어떤 것은 건드리지 못하게 막는다. 어른들이 아이가 건드리도록 허용하는 유일한 실물은 모래이며, 모래가 없는 곳에선 동정심 강하고 돈 있는 어른이 아이들에게 모래를 갖다 준다. 물도 허용되긴 하지만 그다지 자유롭게 허용되지 않는다. 아이가 물에 젖고 물과 모래가 주변을 더럽히는데, 그것을 닦아야 하는 사람이 바로 어른이기 때문이다.

아이가 모래를 갖고 놀다가 지겨워하면, 어른들은 아이에게 어른들이 쓰는 물건들을 아주 작게 만든 모형을 준다. 미니 부엌이나 집, 피아노 같은 것을 아이에게 주지만, 한결같이 아이가 이용할 수 없는 것들이다.

어른들은 아이가 놀면서 어른들을 모방하고 싶어 한다는 사실을 잘 알고 있으면서도 정작 아이에겐 신나게 갖고 놀 수 없는 것을 준다. 아이를 이런 식으로 조롱해도 되는 것인지! 외로운 아이에게 어른들은 인간 모형인 인형을 준다. 그 인형이 아이에게 자기 아버지나 어머니보다 더 현실적일 수 있지만, 인형은 아이의 질문에 대답도 하지 못하고 아이의 사랑에 반응도 하지 못한다. 그래서 인형은 사회의 대체물로는 대단히 불만족스럽다.

장난감이 너무나 중요해졌기 때문에, 사람들은 그것을 지능의 보조로 생각한다. 장난감도 없는 것보다야 확실히 낫지만, 그것은 아이가 이 장난감에 빨리 물리고 금방 새로운 장난감을 원하게 된다는 것을 의미할 뿐이다.

아이는 장난감을 제멋대로 부순다. 그러면 어른들은 아이가 물건들을 깨뜨리고 파괴하는 일에서 기쁨을 느낀다고 추론한다. 그러나 파괴성은 아이가 손으로 다루며 놀 수 있는 적절한 것을 갖지 못한 탓에 인위적으로 발달시키게 된 특성일 뿐이다.

아이들은 그런 것들에 현실성이 전혀 없기 때문에 거의 흥미를 느끼지 못한다. 그래서 아이들은 무관심하게 되고 주의력이 부족하게 된다. 당연히 정상적인 발달이 불가능해진다. 그러다 보면 아이의 인격이 완전히 기형을 보이게 된다. 이 나이의 아이는 삶의 모든 경험에서 나이 많은 사람들을 모방함으로써 스스로를 완벽하게 가꾸려고 진지하게, 또 의식적으로 노력한다. 그런데 그런 아이에게 그렇게 가꿀 기회가 주어지지 않고 있으니, 아이가 스스로 망가지는 모습을 보이는 수밖에 없다.

이것은 특히 문명화가 많이 된 나라에 사는 아이들의 비극이다. 보다 단순한 집단 안에서 아이는 주변의 물건들을 자유롭게 활용하면서 정상적으로 차분하고 보다 행복할 수 있다. 물건들도 깨뜨리지 않을까 두려워서 아이에게 주지 못할 정도로 그렇게 비싼 것도 아니다. 어머니가 설거지를 하거나 빵을 굽는다면, 아이도 그렇게 하고 싶어 한다. 그런 경우에 아이가 그런 행위를 할 적절한 것들을 발견한다면, 거기서 아이에게 삶을 준비시키는 효과가 나올 것이다.

세 살 된 아이는 자신만의 목적을 위해서 물건들을 직접 다룰 수 있어야 한다는 사실에 대해선 더 이상 의문을 품어서는 안 된다. 아이에게 아이의 몸집에 맞게 물건들을 만들어주고, 아이가 그것들을 갖고 어른들만큼 활발하게 활동할 때, 아이의 전체 성격이 변화하는 것처럼 보이며, 아이는 차분해지고 만족스러워 한다. 아이는 자신의 환경 안에 있지 않은 것들에 대해서는 별로 신경을 쓰지 않는다. 이는 아이가 하는 일이 곧 자신이 보고 있는 어른들의 세계에 자신을 적응시키려는 노력이기 때문이다.

자연의 목적은 특별한 것들을 성취하는 데서 기쁨을 주는 것이다. 그렇기 때문에 새로운 교육 방법은 아이가 자신의 힘과 몸집에 맞게 만든 물건들을 갖고 활동할 동기들을 부여하는 것이다. 어른들이 대체로 집과 땅에서 일하기 때문에, 아이들도 자신의 집과 땅을 가져야 한다. 아이들에게 장난감을 줄 것이 아니라 집을 주라. 아이들에게 장난감을 줄 것이 아니라 작은 연장을 갖고 일할 수 있는 땅을 주라. 아이들에게 인형을 줄 것이 아니라 아이들이 진짜 아이들과 어울리며 사회생활을 할 수 있는 기회를 주라. 이런 것들이 오늘날 우리가 과거의 장난감의 대용으로 제시하고 있는 것들이다.

비현실적이라는 장막을 찢고 아이에게 진짜 물건을 주었을 때, 아이의 첫 반응은 어른들이 예상한 것과 꽤 달랐다. 아이는 독립을 주장하고 도움을 거부하면서 다른 인격을 보여주었다. 아이는 혼자 있기를 원한다는 점을 보여줌으로써 어머니와 보모, 선생들을 놀라게 만들었다. 그런 환경에서는 아이가 주인이 되고, 어머니와 보모, 선생들은 단순히 관찰자에 그쳐야 했다.

나의 학교에서 실시한 초기의 실험에 대해 말하자면, 우리가 여러 해 전에 로마에서 운 좋게도 목격할 수 있었던 사실들은 특별한 환경이 아닌 다른 곳에서는 나타나지 않았을 것이다. 만약 뉴욕의 부유한 지역에서 그런 어린이집이 조직되었다면, 많은 것을 풍부하게 제공 받고 있는 일반 학교에서 아무런 일이 일어나지 않듯이, 거기서도 주목할 만한 일이 전혀 일어나지 않았을 것이다. 아이가 손으로 다룰 물건들이 부족해서 그런 좋은 결과가 나온 것만은 아니었다. 첫 번째 실험에서 좋은 결과가 나오도록 만든 상황들은 대체로 세 가지로 요약된다.

1. 극도의 빈곤과 꽤 힘든 사회적 조건이 꼽힌다. 매우 가난한 아이는 식량 부족으로 인해 육체적으로 고통 받을 수 있지만, 그런 아이는 자신이 자연적인 조건에 있다는 것을 깨달으며, 따라서 내면이 풍요로울 수 있다.
2. 이런 아이들의 부모는 문맹이었으며, 따라서 아이들에게 어리석은 도움을 줄 수 없었다.
3. 선생들이 전문적인 선생들이 아니었으며, 따라서 선생들은 평범한 훈련으로 생겨나는 그런 교수법의 편향으로부터 자유로웠다.

미국에서 그런 실험은 성공적이지 못했다. 이유는 그곳의 사람들이 최고의 선생들을 찾았는데, 훌륭한 선생은 곧 아이에게 도움이 되지 않는 온갖 것을 공부하고 아이의 자유에 반대하는 그런 사상들로 가득 찬 사람을 의미했기 때문이다.

아이에게 선생을 강요하는 것은 아이의 발달만 막을 수도 있다. 소박한 사람들을 선택하고 그들을 이용해야 한다. 빈곤에 대해 말하자면, 빈곤을 강요할 필요는 없지만 그렇다고 빈곤에 놀라서도 안 된다. 빈곤이야말로 대단히 정신적인 조건이기 때문이다.

확실한 성공이 보장되는 그런 실험을 쉽게 하기를 원한다면, 우리는 빈곤한 아이들 속으로 들어가서 그들이 갖지 못한 환경을 제공해야 한다. 과학적으로 만들어진 물건은 그런 것을 전혀 갖지 못한 아이에게 비상한 관심으로 받아들여질 수 있으며, 그것이 아이의 내면에서 정신적 집중을 일깨울 수 있다.

40년 전에 이 같은 사실은 큰 놀라움을 불러일으켰다. 3세 아이들에게서 정신 집중이 확인된 적이 없었기 때문이다. 그럼에도 집중은 환경 속에 들어 있는 사물들을 하나씩 차례로 관찰하면서 깊이 탐구하고 깊이 생각하는 근본적인 행위이다. 평상시의 만족스럽지 못한 상태에서, 아이는 이 물건에서 저 물건으로 관심을 옮기면서 아무것에도 집중하지 않지만, 우리는 그런 변덕이 아이의 진짜 성격이 아니라는 점을 증명했다.

세 살 된 아이의 안에서는 여전히 내면의 선생 같은 존재가 작동하면서 아이를 정확히 안내하고 있다는 것을 기억해야 한다. 그리고 우리가 자유로운 아이라고 할 때, 그 표현은 자신의 내면에서 막강한 힘을 발휘하고 있는 자연의 안내를 따르고 있는 아이를 의미한다. 자연의 안내를 받고 있는 아이는 자신이 처리하고 있는 일의 세부사항까지 깊이 파고든다. 책상을 닦는 아이를 예로 든다면, 아이가 그저 윗부분만 닦을 것으로 생각되지만 실은 윗부분만 아니라 옆, 다리, 밑부분까지 먼지를 다 닦아낸다.

선생이 아이에게 자유를 주고 전혀 간섭하지 않는다면, 아이는 자신의 일에 주의를 집중한다. 너무나 많은 선생들이 지속적으로 간섭하고 가르치려 드는 경향을 보이고 있다. 그래서 자연의 안내를 받으며 자발적으로 발달하고 있는 아이가 선생과 부드럽게 잘 지내지 못한다. 선생은 아이를 쉬운 것에서부터 어려운 것으로, 간단한 것에서부터 복잡한 것으로 점진적으로 이끌어야 한다고 생각하지만, 아이는 어려운 것에서부터 쉬운 것으로 거꾸로 나아가면서 큰 성취를 이룰 수 있다.

자신이 하고 있는 일에 관심을 두고 있는 아이는 피로를 모르고 계속 앞으로 나아가지만, 선생이 끼어들면서 아이가 몇 분마다 작업하는 것을 바꾸고 쉬게 할 때, 아이는 흥미를 잃고 피곤해 한다.

그러나 일반적인 사범 대학을 나온 선생들에게 이런 편견들은 치료 불가능할 만큼 매우 깊이 박혀 있다. 대부분의 현대 대학은 휴식의 필요성에 대해 그런 편견을 갖고 있다. 이 편견이 너무나 강하기 때문에 선생들은 45분마다 아이들을 간섭한다. 그 결과는 치명적이다.

교수법의 세계는 인간의 논리를 따르고 있지만, 자연은 그와 다른 법칙들을 갖고 있다. 인간의 논리는 정신적 활동과 육체적 활동을 구분하면서, 정신적 작업을 위해선 학급에서 조용히 앉아 있어야 하고 육체적 활동을 위해선 정신적인 부분은 필요하지 않다고 말한다. 말하자면, 아이 자체를 두 조각으로 쪼개 놓고 있는 것이다.

생각하는 아이에게 손을 사용하는 것이 허용되지 않지만, 자연은 아이가 손 없이는 생각하지 못한다는 점을, 또 아이는 고대 그리스의 소요학파 철학자들처럼 지속적으로 돌아다닐 필요가 있다는 점을 보여주고 있다. 운동과 정신이 함께 다니는데도, 많은 사람들은 아이들이 공부하면서 돌아다닐 수 있는 그런 학교를 갖는 것은 불가능하다고 생각한다.

우리의 새로운 방법에서는 선생이 이런저런 편견으로부터 자유로워지도록 하는 일에 최대의 노력을 기울여야 한다. 우리가 거둘 수 있는 최고의 결실은 그런 편견들 대부분으로부터 자유로워진 선생이다. 그렇기 때문에 다양한 교육을 구상하고 있는데 훈련 받은 선생이 부족하다면, 우리는 "정말 다행이야!" 라고 말할 수 있다. 그것이 새로운 교육 방식에 호의적인 조건이기 때문이다.

그러나 새로운 선생들은 그다지 어렵지 않은 몇 가지 근본적인 것을 이해해야 한다. 예를 들어, 첫 번째 실험에서 나는 공동주택의 짐꾼의 딸이었던 나의 조수에게 물건들을 아이에게 어떤 순서로, 또 어떤 방식으로 제시한 다음에 아이를 혼자 가만 내버려 두라고 구체적으로 지시했다. 그녀는 교육을 받지 않은 상태였기 때문에 나의 지시를 그대로 따를 수 있었다. 그랬더니 정말 놀랍게도, 아이들이 이 물건들을 갖고 놀라운 결과를 엮어 냈다.

나의 조수는 거기에 천사나 다른 정령이 아이를 돕고 있는 것이 아닌가 하고 생각했다. 그녀는 깜짝 놀란 상태로 나에게 달려와 이렇게 보고했다. "선생님, 어제 2시에 이 아이가 글을 쓰기 시작했어요!" 그때까지 쓰기는커녕 읽기도 제대로 하지 못하던 아이가 문장을 아름답게 썼으니, 거기엔 초자연적인 것이 작동하는 것처럼 보였다.

경험에 따르면, 선생은 아이들이 홀로 일을 하도록 준비만 해주고 최대한 뒤로 물러나야 한다. 우리가 할 일은 선생에게 간섭이 필요없고 간섭이 오히려 해가 되는 곳을 확실히 가르쳐주는 것이다. 이것을 우리는 불간섭의 방법이라고 부른다.

선생은 필요한 것이 무엇인지를 정확히 파악해야 한다. 선생은 주인을 위해 마실 것을 조심스럽게 준비하는 하인처럼 임해야 한다. 하인은 음료수를 준비한 다음에는 그것을 마시는 것은 전적으로 주인의 의지에 맡긴다. 선생들은 자신이 돌보고 있는 아이들을 주제넘게 간섭하고 나서지 않고 소박하게 처신하는 법을 배워야 한다. 그러나 선생들은 아이가 나아가는 길을 주의 깊게 따르면서 아이가 추가 활동을 하는 데 필요할 것 같은 것을 모두 준비해야 한다.

우리의 교육 방식에 진정으로 협력하는 사람들은 하층 계급의 부모들이다. 아이가 처음으로 글을 쓸 때, 글을 전혀 쓸 줄 모르는 아버지와 어머니는 아이의 성취에 경탄의 눈길을 보내게 된다. 이 같은 반응이 아이를 크게 고양시킨다.

반면에 부유한 가정의 부모들은 별로 관심을 보이지 않으며, 아마 아이에게 학교에서 미술을 가르치느냐고 물을 것이다. 그렇기 때문에 부잣집 아이의 성취는 아이 본인에게도 별로 중요하지 않아 보인다. 먼지를 털고 싶어 하는 아이는 부모로부터 종종 그건 하인들이나 하는 일이라는 소리를 듣고, 그런 천한 일을 배우라고 학교에 보낸 것이 아니라는 소리를 듣는다. 어떤 어머니는 자기 아이가 너무 이른 나이에 수학을 배우는 것을 확인하고는 잘못하다가 아이가 뇌척수막염에 걸릴 수 있겠다고 생각하면서 아이가 수학 공부를 하지 않기를 원한다. 그래서 아이는 우월 또는 열등 콤플렉스에 빠지고, 따라서 정신적으로 불구가 된다.

그러므로 교육적 실험에 가장 나쁜 것으로 여겨지는 조건이 실은 가장 좋은 조건이며, 성공은 아이들에게만 한정되지 않고 부모들에게도 영향을 미친다. 첫 번째 실험이 이뤄진 어린이집에서, 학교에서 살림살이를 실제로 시작했던 아이들은 자기 어머니에게 옷을 더럽히거나 물을 엎지르면 안 된다고 말했으며, 그러면 어머니들은 옷을 깨끗하게 유지하고 정돈하는 일에 신경을 쓰기 시작했다. 부모들은 자식들이 읽기와 쓰기를 알았기 때문에 자신들도 그런 것을 배우길 원할 것이다. 전체 환경이 아이들을 통해서 변화하기 시작한 것이다. 우리의 손에 마치 마법의 지팡이가 들려 있는 것 같았다.

11장

관찰을 통해 진화한 방법들

나의 초기 실험에서 대중의 주의를 가장 먼저 끈 것은 글쓰기 능력의 폭발이었다. 그것은 단순히 글쓰기의 폭발이 아니라 아이의 안에 있는 인간 자아의 폭발이었다.

산은 견고해 보이고 영원히 움직이지 않을 것처럼 보이지만 속에 불을 품고 있으며, 이 불은 언젠가 표면을 뚫고 폭발한다. 그것은 불과 연기, 미지의 물질의 폭발이다. 이 물질은 연구하는 사람들에게 지구의 속이 어떤지를 알려준다.

우리 아이의 폭발도 그와 똑같았으며, 그 폭발은 그런 폭발이 절대로 일어나지 않을 것 같은 상황 때문에 일어났다. 빈곤과 무지, 선생들과 가르침의 부족 등은 아이의 바탕에 기본적으로 아무것도 없게 만들었다. 그야말로 이 아이들의 바탕은 무(無)였다. 아이의 영혼은 바로 이 무 때문에 확장할 수 있었다. 장애들이 무심코 제거되었지만, 그 당시에 장애들이 무엇이었는지에 대해선 아무도 모르고 있었다.

결단코 말하지만, 이 폭발을 야기한 것은 절대로 교육 방법이 아니었다. 왜냐하면 당시엔 교육 방법이란 것이 존재하지 않았기 때문이다. 심리학이 그 폭발들을 추적했고, 아이의 내면에서 화산처럼 일어난 이 분출의 결과로 그 교육 방법이 구축되었다. 언론은 그것을 "인간 영혼의 발견"이라는 제목으로 크게 보도했다.

이어 나온 새로운 과학은 직관을 근거로 한 것이 아니라 직접적인 지각을 근거로 했다. 지각된 사실들은 두 가지 집단으로 나뉘었다. 한 집단의 사실들은 믿기지 않을 정도로 일찍부터 문화를 습득하는 아이의 정신을 보여준다. 그러나 이때의 습득은 어디까지나 아이가 도움을 받지 않는 가운데 직접 활동을 함으로써만 이뤄질 수 있다.

다른 집단의 사실들은 성격의 발달과 관련 있다. 이것도 마찬가지로 옛날의 교육자들이 성격에 영향을 미치기에는 너무 이르다고 생각한 나이에 이뤄졌다. 옛 교육자들의 판단이 틀렸다. 왜냐하면 아이의 성격에 영향을 끼쳐야 하는 사람이 어른이라고 생각했고, 또 영원한 문제가 악을 선으로 바꿔놓는 것이라고 생각했기 때문이다. 그러나 3세에서 6세 사이의 시기는 성격을 발달시키는 시기이고, 이 시기에 아이는 방해하지 않고 가만 두면 자신의 법칙에 따라 발달하게 되어 있다.

아이는 자신이 이미 마음속에 갖고 있는 것들에, 그러니까 아이가 이전 시기에 흡수한 것에 관심을 집중한다. 이유는 정복한 것들이 마음속에 남아서 떠올려지는 경향이 있기 때문이다. 따라서 글쓰기의 폭발은 그 전에 있었던 말의 정복과 5세 반에서 6세 사이에 멈추는 언어 감수성 때문에 일어난 것이었다. 그래서 이 나이에서만 글쓰기가 재미와 열광으로 성취될 수 있으며, 8세나 9세가 된 아이들은 그런 포부를 전혀 갖고 있지 않다.

아이들이 글쓰기를 위해 신체기관을 간접적으로 준비하는 것이 목격되었다. 그래서 이 간접적인 준비가 몬테소리 방법의 필수적인 부분으로 채택되었다. 우리는 자연이 태아 안에서 간접적으로 준비하는 것을 보았다. 자연은 신체기관들이 복종할 준비를 갖출 때까지 절대로 명령을 내리지 않는다.

성격도 똑같은 방법으로만 건설될 수 있다. 단순한 모방이나 강요된 복종에 의해서는 아무것도 얻어지지 않는다. 그렇기 때문에 복종이 가능하도록 하는 준비가 내적으로 이뤄줘야 함에 틀림없다. 그런 준비는 간접적으로 이뤄진다. 아이들을 위해 환경을 준비해야 할 필요성은 매우 분명하다. 아이의 영혼이 힘을 확장할 수 있는 자유가 보장되어야 하는 것에 대해선 말할 필요도 없다.

언어 발달에서, 초기의 아이는 말에서 문법적인 순서처럼 보이는 것을 따랐다. 소리와 음절로부터 명사와 형용사, 부사, 접속사, 동사, 전치사로 나아가는 것 같았다. 따라서 우리는 두 번째 시기에 문법적인 어떤 방법을 갖는 것이 아이에게 도움이 될 것이라고 판단했으며, 그래서 우리의 첫 번째 언어 가르침은 문법에 관한 것이었다.

평범한 사고방식에 따르면, 읽기나 쓰기가 이뤄지기도 전인 3세에 문법을 가르친다는 생각이 터무니없어 보인다. 그러나 아이들은 문법에 지대한 관심을 보였다. 오히려 나이가 많은 아이들은 문법에 관심을 보이지 않았다. 어쨌든 문법도 언어를 구성하는 요소이며, 문장을 구성해야 하는 아이는 문법에서 도움을 발견했다.

우리 학교에 있는 세련되지 못한 선생들은 아이들이 단어에

굶주려 하는 현상에 주목했으며, 선생들은 학생들을 위해서 자신들이 아는 단어들을 최대한 많이 썼으며, 어휘력이 바닥을 드러내자 나를 찾아 더 많은 단어를 요구했다. 우리는 아이들에게 보다 높은 차원의 문화에 쓰이는 단어들, 이를테면 기하학 도형과 다각형, 사다리꼴 같은 단어들과 난이도가 이와 비슷한 다른 단어들을 줌으로써 실험을 해보자고 생각했다. 그랬더니 정말 놀랍게도 아이들은 하루 만에 그것들을 쉽게 받아들였다.

이어서 우리는 온도계와 기압계 같은 과학 도구의 이름으로, 또 다시 꽃잎과 꽃받침, 수술, 암술 같은 식물학 용어로 넘어갔다. 아이들은 이 모든 단어들을 열광적으로 받아들였으며, 우리에게 더 많은 단어를 내놓으라고 요구했다. 3세에서 6세 사이의 시기는 단어들에 목말라하는 시기이기 때문이다. 그래서 어지간한 단어는 아이들에게 지나치게 길거나 복잡한 단어로 여겨지지 않는다. 우리가 아이들에게 동물학과 지리학을 포함한 다양한 학문을 뜻하는 단어들을 제시했을 때, 유일한 어려움은 오히려 그 단어들을 몰라서 그 의미를 기억하는 것이 어렵게 느껴졌던 선생들에게 있었다.

아이의 정신은 아이가 눈으로 볼 수 있는 대상들과 그 대상들의 특징에 한정되지 않고 상상력을 보이면서 그 너머까지 나아간다. 아이들에겐 놀이용 테이블이 집이 되고, 의자가 말이 된다. 아이들은 요정과 요정의 나라를 상상할 줄 알고, 지구의(儀)의 도움으로 미국이나 세계를 이미지로 그리는 데 전혀 어려움을 겪지 않는다.

6세 된 우리 아이들의 일부는 지구의를 갖고 있었으며, 그 아이들은 4세가 안 된 아이가 그들에게로 달려올 때 지구의에 대해 이야기하고 있었다. 이 어린 아이가 형이나 언니들의 말에 끼어들었다. "나한테도 좀 보여 줘! 이게 세계야? 이제 나의 삼촌이 세계를 어떻게 세 바퀴 돌았는지 알겠어." 동시에 어린 아이는 지구의가 모형에 지나지 않는다는 것을 깨달았다. 아이가 세상은 어마어마하다는 것을 알고 있었기 때문이다.

5세가 안 된 한 아이도 자기보다 나이가 많은 아이들에게 제시되었던 지구의를 보길 원했다. 나이가 많은 아이들은 이 아이에게 관심을 두지 않은 채 미국에 대해 말하고 있었다. 그러자 어린 아이가 끼어들었다. "뉴욕은 어디야?" 나이 많은 아이들이 어린 아이에게 뉴욕을 보여주었다. 어린 아이의 그 다음 질문은 "네덜란드는 어디야?"였다. 그때 우리가 일하고 있던 곳이 네덜란드였다.

어린 아이는 자기 나라를 보자마자 지구의의 푸른색 부분을 건드리며 이렇게 말했다. "그렇다면 이것이 바다구나. 아빠는 1년에 두 번씩 미국에 가서 뉴욕에서 지내. 아빠가 여행을 갈 때면 엄마가 '아빠는 바다에 있어!'라고 말해. 그러다가 조금 지나면 엄마는 아빠가 뉴욕에 있다고 그래. 그런 다음에 아빠는 다시 바다로 나가고, 우리는 곧 아빠를 만나러 로테르담으로 갈 거야." 아이는 미국에 대해 너무나 많은 것을 들었던 터라 지금 미국을 발견하면서 기쁨을 느끼고 있었다. 아이가 마음속으로 어떤 방향을 그렸던 것이다. 아이가 예전에 육체적인 것에서 방향을 잡아야 했던 것과 똑같다.

아이는 세계를 마음속으로 그리기 위해 가족 중에서 나이 많은 구성원들로부터 들은 말에다가 자신만의 이미지를 입혀야 한다. 6세 이하 아이의 내면에 나타나는 이런 상상력의 힘은 대체로 장난감과 동화(童話)에 소진되지만, 우리는 틀림없이 아이에게 상상할 실질적인 것을 제공하고, 그렇게 함으로써 아이가 자신의 환경을 보다 정확하게 파악하도록 돕는다.

이 연령대 아이들의 잘 알려진 또 다른 특징은 언제나 사물들의 진리를 추구하면서 질문을 던진다는 점이다. 아이의 질문들은 어른에게 흥미로운 것으로 받아들여져야 한다. 성가신 것으로 여겨져서는 안 되며, 정보를 찾고 있는 어떤 정신의 표현으로 여겨져야 한다. 그러나 아이들은 긴 설명을 따르지 못한다. 그렇기 때문에 아이들의 질문에 대한 답은 짧아야 한다. 가능하다면 시각적인 자료의 도움을 주는 것도 좋다. 아이가 지리에 대해 관심을 보이고 있다면, 지구의도 좋은 자료가 된다.

선생은 특별히 준비할 필요가 있다. 왜냐하면 아이의 문제들을 풀 수 있는 것이 절대로 어른의 논리가 아니기 때문이다. 우리는 아이가 그때까지 발달해온 과정에 대해 알아야 하고, 우리의 선입견을 버려야 한다. 3세에서 6세 사이 아이의 정신을 돌보기 위해선 훌륭한 전략과 섬세함이 필요하다. 다행히도, 아이는 선생이 아니라 환경으로부터 흡수한다. 선생은 그냥 옆에 서서 지켜보면서 아이의 요구가 있을 때 도와주기만 하면 된다.

이제 성격과 도덕 교육이라는 중요한 문제에 대해 언급해야 할 때이다. 여기서도 다른 관점에서 문제를 보아야 한다는 것이 확인되었다. 아이에게 성격을 가르칠 것이 아니라 아이가 성격을 건설하는 것을 도와줘야 하는 것이다. 이 문제에서도 다시 6세에 끝나는 시기가 가장 중요하다. 왜냐하면 성격이 외부의 본보기와 즐거움에 의해 형성되는 것이 아니라 자연 자체에 의해 형성되는 것이기 때문이다.

출생 후, 앞에서 고려한 중요한 3년이 따른다. 그 시기에 아이의 성격을 영원히 바꿔 놓을 수 있는 영향들이 있다. 그때조차도 성격은 장애들이 있거나 장애들로부터 자유로운 상태에서 창조되고 있다. 만약 수태와 잉태, 출생, 그리고 뒤이은 기간에 아이가 과학적 보살핌을 받았다면, 3세가 될 때 아이는 모범적인 개인이 되어야 하지만, 그런 일은 좀처럼 일어나지 않는다. 이유는 아이가 대체로 많은 사건들에 봉착하기 때문이다.

만약 성격의 결함들이 출생 후의 어려움 때문이라면, 그 결함들은 잉태 기간에 일어난 결함에 비해 덜 심각하며, 또 잉태 기간에 일어난 결함은 수태 기간의 결함에 비하면 덜 심각하다. 만약 성격적 결함이 출생 후에 일어난 것이라면, 그 결함은 생후 3년과 6년 사이에 바로잡을 수 있다. 이 시기가 조정을 거쳐 완벽을 이루는 때이기 때문이다.

그러나 출생의 충격이나 그보다 빠른 시기의 다른 원인으로 생긴 정신적, 육체적 결함은 바로잡기가 매우 어렵다. 백치와 간질, 마비는 기질적(器質的)이어서 우리의 도움으로는 치료되지 않는다. 그러나 기질적이지 않은 어려움들은 6세 이전이나 이후에 치료하는 경우에 나을 수 있다. 그때 치료해 주지 않으면 그 결함은 그대로 남을 뿐만 아니라 갈수록 더 심각해질 것이다.

그렇게 되면 6세 아이는 진정으로 자신의 특성을 축적하는 것이 아니라 경험을 통해서 자신의 특성이 아닌 것을 축적하는 것처럼 보인다. 3세에서 6세 사이에 무시당했던 아이는 도덕적 양심을 갖고 있지 않은 것 같으며, 그래서 아이는 7세에서 12세 사이에 그런 양심을 발달시켜야 한다. 그렇게 하지 않으면 아이가 지능에 결함을 보일 수 있다. 도덕적 성격과 배울 능력을 전혀 갖추지 않은 아이는 과거 결함의 흔적과 상처로 엉망인 그런 영혼을 가진 어른으로 성장한다.

우리의 학교들에서, 그리고 다른 많은 현대적 학교들에서, 우리는 각 아이의 생물학적 사항들을 세세하게 살피고 있다. 따라서 우리는 아이가 다양한 시기들에 겪는 어려움들을 알 수 있고, 거기에 따라 치료법을 결정할 수 있다. 우리는 유전적인 질병이 있는지, 아이가 태어날 때 부모의 나이가 몇 살이었는지, 어머니가 잉태 기간에 사건이나 신경성 충격을 겪은 일이 없었는지, 출생이 정상이었고 아이가 별 탈없이 태어났는지 아니면 질식으로 고통을 겪었는지에 대해 묻는다.

그 다음에는 가정생활에 대한 질문이 따른다. 부모나 보모가 엄격했는지, 아이가 충격을 겪은 일이 있는지 등에 대해 묻는 것이다. 이 같은 설문이 필요한 이유는 거의 모든 아이들이 이상한 특성과 버릇없는 모습을 보이는 상태에서 우리에게 오는 데, 그런 특성과 버릇을 고치기 위해서는 그 기원을 추적하며 이해해야 하기 때문이다.

정상에서 벗어난 이 모든 일탈은 사람들이 다소 모호하게 성격이라고 부르는 그 영역으로 거의 즉시 들어간다. 이 일탈들은 두 부류의 아이들에게 일어난다. 한 부류의 아이들은 장애들을 물리치는 강한 아이들이고, 다른 한 부류는 장애들에게 굴복하는 약한 아이들이다.

강한 아이들은 언제든 화나 반항적인 행동, 파괴성을 보일 준비가 되어 있으며, 소유욕과 이기심, 부주의, 정신과 상상의 무질서를 보인다. 이런 아이들은 종종 소리를 지르고 소란을 피우며, 남을 집적거리길 좋아하고, 동물들에게 잔인하게 군다. 또 탐욕적인 모습을 자주 보인다.

약한 아이들은 수동적이며, 게으름과 타성을 보이고 물건을 달라고 떼를 쓰거나 모든 것을 다른 사람이 대신 해 주기를 바란다. 그런 아이들은 이상해 보이는 모든 것을 두려워하며 어른들에게 매달린다. 또 언제나 다른 사람들이 자신을 즐겁게 해주길 원하며 매사에 쉽게 물리고 피곤해 한다. 그런 아이들은 거짓말을 하거나 물건을 훔치기도 하는데, 이런 행위는 근본적으로 자기방어의 형태들이다.

일부 육체적인 병은 이런 문제들을 수반하고, 따라서 그 병이 정신적인 어떤 기원을 갖고 있다는 점을 보여주는데, 정신적 기원을 가진 병을 육체적인 병과 혼동해서는 안 된다. 그런 증세의 예를 들자면, 식욕 부진 또는 과식, 그리고 과식 때문에 일어나는 소화불량이 있다. 잦은 악몽과 어둠에 대한 공포는 육체적 건강에 영향을 끼치고 빈혈증을 야기한다.

이런 결함을 가진 아이들, 특히 강한 유형의 아이들은 가족 안에서 축복으로 여겨지지 않는다. 그래서 가족은 그런 아이를 탁아소나 학교로 추방하고, 그러면 아이는 부모가 살아 있음에도 불구하고 고아나 다름없는 신세가 된다.

강한 유형의 아이들 앞에서 일부 부모들은 엄격한 태도를 취한다. 아이의 뺨을 때리거나 아이를 꾸짖으면서 저녁을 먹이지 않은 상태에서 잠자리에 들게 한다. 그러나 아이들은 그런 부모들 밑에서 더욱 나빠지거나 수동적인 방향으로 나쁜 아이가 된다. 아이가 그런 모습을 보이면, 부모들은 아이를 설득시키려고 나서면서 자신들의 논리로 추론하며 아이들의 애정을 악용한다. "엄마를 그렇게 괴롭히는 이유가 뭐니?" 그런 식으로 접근해 봐야 아무런 효과가 나타나지 않는다.

수동적인 유형으로 퇴행하는 아이들의 부모는 아이들이 아무것도 하지 않도록 내버려 두기 쉽다. 그러면서 어머니는 자기 아이가 착하고 순종적이라고 생각한다. 아이가 어머니에게 매달리면서 엄마가 옆에 없으면 잠을 자려 하지 않을 때에도, 엄마는 그것을 아이가 엄마에게 품고 있는 사랑의 증거로 여긴다.

그러나 이 엄마는 곧 아이가 말과 걷기에서 느리다는 사실을 발견하게 된다. 아이는 건강함에도 불구하고 모든 것을 두려워하고 있으며, 먹고 싶어 하지 않고, 엄마로부터 자기를 구슬릴 소리를 듣기를 원한다. 그러면 엄마는 아이가 정신적인 아이라고 판단하면서, 아마 성자나 시인이 될지도 모른다고 생각한다. 그러나 엄마는 곧 그 아이 때문에 의사를 찾게 될 것이다. 이런 정신적인 병들은 가정의의 지갑만 두둑하게 할 뿐이다.

몬테소리 방법을 택한 우리의 첫 번째 학교들을 두드러지게 만든 사실들 중 하나는 이런 결함들이 사라졌다는 점이다. 그 사라짐은 한 가지 사실 때문이었다. 아이들이 환경을 상대로 실험을 자유롭게 실시할 수 있었고, 이 경험이 그때까지 굶주렸던 정신에 자양분이 되어 주었다. 어떤 관심이 촉발되기만 하면, 아이는 그 관심을 중심으로 연습을 되풀이했으며, 이곳에 집중했다가 다른 곳에 집중하면서 주의의 초점을 옮겼다.

아이가 주의를 집중하고 어떤 관심을 중심으로 손을 움직일 수 있는 단계에 이르렀을 때, 그런 결함들이 사라졌다. 무질서했던 것이 정연한 모습을 보이고, 수동적이었던 것이 능동적으로 변하고, 방해하는 존재가 조력자가 되었던 것이다.

그렇다면 결함들은 원래부터 있었던 것이 아니고 습득된 특성인 것이 확실하다. 그래서 어머니들에게 우리가 하는 조언은 아이들에게 재미있어 하는 일을 준 다음에는 아이들이 시작한 행동을 절대로 간섭하지 말라는 것이다. 부모가 감미롭게 대하거나 엄격하게 대하는 태도나 약(藥)은 전혀 도움이 되지 않는다. 우리 몬테소리 학교는 말썽부리는 아이를 감정적으로 다루거나 그런 아이를 어리석다고 하지 않는다.

인간은 본래 지적인 존재이며, 육체적인 양식(糧食)보다 정신적인 양식을 더 필요로 한다. 동물들과 달리, 인간은 삶과 그 경험을 통해서 자신의 행동을 스스로 구축해야 하며, 만약 이런 삶의 길에 오른다면, 모두가 행복해질 것이다.

12장

훈련 귀신

도덕 교육이 단지 성격의 발달을 의미할 뿐이고, 결점들은 설교나 처벌, 심지어 훌륭한 어른 모델이 없어도 사라질 수 있다는 것이 확고한 사실로 인정 받고 있다. 협박이나 약속도 필요 없으며, 아이에게 삶의 조건만 제대로 갖춰주기만 하면 된다.

앞에서 논한 착한(혹은 수동적인) 유형과 말썽꾸러기 유형 외에, 세상 사람들은 대체로 세 번째 유형의 아이가 있다는 점을 인정하고 있다. 극히 건강하고, 생생한 상상력을 갖고 있고, 이것에서 저것으로 관심의 초점을 옮기고, 부모에 의해서 특별히 영리한 것으로, 실은 탁월한 것으로 여겨지는 아이이다.

내가 나의 학교들에서 확인한 것은 아이가 관심을 끄는 일에 몰입하게 되자마자 이 모든 특징들이 사라진다는 사실이다. 소위 착한 유형과 나쁜 유형, 탁월한 유형이 똑같이 이런 특징들을 전혀 갖지 않은 유형의 아이로 결합되었던 것이다. 이것은 세상이 지금까지 선과 악을 제대로 측정하지 못했다는 점을, 또 세상이 판단에서 잘못을 저질렀다는 점을 보여주고 있다.

선생들의 지도 없이 일에서 끈기를 추구하고, 일의 선택에서 자발성을 지키는 것이 모든 아이들의 진정한 목표인 것으로 드러났다. 아이들은 내면의 어떤 안내를 따르면서 저마다 다른 일에 빠져들었다. 그 일이 아이들에게 기쁨과 평화를 준 것이다.

그런 식으로 하다 보면 아이들 사이에 그때까지 보이지 않던 무엇인가가 나타났다. 바로 자발적 훈련이다. 이 같은 사실이 우리 학교를 찾는 방문객들에게 글쓰기의 폭발보다도 더 강한 인상을 주었다. 아이들이 주변을 돌아다니고, 자유롭게 할 일을 찾고, 다양한 과제에 집중하고, 그런 가운데서도 전체 집단이 완벽한 훈련이 이뤄진 모습을 보여주었으니 말이다. 그렇다면 문제는 해결되었다. 훈련을 성취하려면 아이에게 자유를 줘야 한다. 아이가 작업을 벌이는 곳에서 어른이 안내자나 멘토로 나설 필요는 없다. 아이에게 지금까지 금지했던 일의 기회를 주기만 하면 된다.

40명의 아이가 한 교실에서 선생의 지도 없이 조용히 각자 작업을 하는 일이 처음에는 불가능해 보였다. 그 아이들의 나이가 기껏 3세에서 5세 사이였으니 그런 기대는 더더욱 불가능했다.

신문은 그게 사실이라면 기적이지만 믿기지 않는다고 말했다. 방문객들은 내가 무슨 계략을 썼는지 발견하려 들었다. 그것이 속임수라는 생각을 떨치기가 어려웠기 때문이다. 어떤 방문객들은 그 같은 결과를 낳는 것이 나의 개인적 자성(磁性) 또는 최면술이라고 말했지만, 나는 이렇게 말할 수 있었다. "내가 로마에 있을 때 뉴욕에서도 이런 일이 일어났는데!" 그것은 산발적인 현상이 절대로 아니었으며, 미국과 뉴질랜드, 프랑스, 영국으로 진출한 우리 학교들 모두에서 공통적으로 일어나고 있었다.

의심을 내려놓지 못하던 일부 사람들은 선생이 방문객들을 위해 어린이들을 준비시켰다고 결론을 내렸다. 아니면 선생이 눈의 움직임을 통해서 아이들에게 찬성해야 할 때와 반대해야 할 때를 가르쳐주었다는 식이었다. 그러나 증거는 모든 나라들에서 똑같이 나왔다. 공통적인 한 가지 요소는 "정상화된" 아이들의 놀라운 훈련 효과였다. 우리는 "일탈한" 아이들과 비교하

면서 우리 학교에서 발달한 아이들을 "정상화된" 유형이라고
부른다.

나의 첫 번째 어린이집에 등록한 아이들은 모두 같은 공통주
택에서 온 아이들이었다. 그 같은 놀라운 현상에 대해 믿지 못
하겠다는 반응을 보인 사람들 중에 로마 주재 아르헨티나 대사
가 있었다. 그는 학교를 직접 보기를 원했으며, 사전 통지 없이
학교로 갔다. 그래서 학교는 대사의 방문을 위한 준비를 사전에
하지 못했다.

그는 그 뜻을 이탈리아 총리의 딸에게 전했고, 총리의 딸은
사전에 학교에 통보하지 않고 그와 동행하기로 약속했다. 그들
은 그날이 이탈리아 초등학교의 휴일인 목요일이라는 것을 깜
빡했으며, 그래서 학교는 닫혀 있었다.

그러나 자그마한 아이가 하나 그들에게 다가와서 무엇을 원
하는지 물었다. 이 아이는 겨우 네 살이었으며, 이 나이의 가난
한 아이들은 대체로 부유한 이방인들과 자유롭게 대화하지 않
는다. 그러나 이 아이는 태도가 꽤 자연스러웠으며, 그들로부
터 학교를 보고 싶은데 문이 닫혀 있다는 말을 듣고는 이렇게
말했다. "오, 그건 중요하지 않아요. 수위 아저씨가 열쇠를 갖고
있어요. 모든 아이들이 여기서 살고 있으니, 내가 아이들을 다

부를 수 있어요."

아이들이 모두 기꺼이 나와서 열성적으로 작업하고 선생이 없는데도 질서정연하게 움직임으로써 방문객을 크게 놀라게 만들었다. 대사는 이보다 더 확실한 증거는 없다고 선언하고, 그 후로 몬테소리 방법을 열광적으로 믿는 사람이 되었다.

또 다른 예는 파나마 운하가 개통될 당시에 열린 샌프란시스코 세계 박람회에서 나타났다. 교육 전시들 중에 자그마한 몬테소리 교실이 하나 있었다. 벽을 유리로 만들었기 때문에 사람들은 교실로 들어가서 아이들을 방해하는 일 없이 밖에서 안을 들여다볼 수 있었다. 선생은 헬렌 파커스트였으며, 교실은 밤에 잠갔고, 열쇠는 관리자가 보관했다.

그러던 어느 날 이 관리자가 사고를 당해 나타나지 못했다. 사람들은 밖에서 기다렸다. 아이들과 그들의 선생도 마찬가지였다. 미스 파커스트는 최종적으로 "오늘은 학교에 들어가지 못하겠어."라고 말했다. 그때 한 아이가 열린 창문을 보고는 "우리를 올려주면 창문으로 들어가서 공부할 수 있어요."라고 말했다.

창문은 아이들이 들어갈 수 있을 만한 크기였다. 그래서 미스 파커스트는 "너희들은 들어갈 수 있어도, 나는 못 들어가잖아!"

라고 말했다. 그러자 아이들의 대답은 이랬다. "그건 전혀 중요하지 않아요. 선생님은 어쨌든 공부를 안 하잖아요. 선생님은 밖에 앉아서 다른 사람들과 함께 지켜보면 돼요." 그래서 문제는 해결되었으며, 그 방법은 기대를 뛰어 넘는 성공이었다.

생후 6년이 지나야만, 아이들은 도덕적 가르침에서 무엇인가를 얻을 수 있다. 6세에서 12세 사이에 양심이 일깨워지고, 아이가 옳고 그른 문제들에 관심을 갖게 되기 때문이다. 그리고 종교와 애국심의 이상이 느껴지는 나이인 12세와 18세 사이에 추가적인 성과가 가능하다.

성격 훈련과 관련해서 지금까지 가장 중요하게 여겨온 것은 의지와 복종이며, 성격 훈련의 일반적인 목표는 아이의 의지를 선생의 의지로 대체하고 아이에게 복종을 요구하면서 아이의 의지를 약화시키는 것이었다. 이 주제에서 심각한 혼동이 일어나고 있는데, 이 혼동의 본질을 분명하게 밝힐 필요가 있다.

생물학적 연구는 인간의 의지가 호르메라 불리는 보편적인 어떤 힘의 일부라는 이야기를 들려주고 있다. 인간의 의지는 육체적인 힘이 절대로 아니며 진화 중인 생명의 우주적 에너지이다. 진화는 법칙을 따르고 있으며, 우연이나 운과는 거리가 멀다. 이 힘의 한 표현으로서, 인간의 의지는 자신의 행동을 형성해야 하며, 그 의지는 어린이가 수행할 어떤 행동을 갖게 되자마자 어린이의 내면에서 부분적으로 의식이 된다. 말하자면 인간의 의지는 오직 경험을 통해서만 의식이 된다는 뜻이다. 인간은 자연적인 존재가 되면서 법칙들을 준수한다.

어린이들의 자발적 행동들이 무질서하고 가끔은 폭력적이라고 생각하는 것은 실수이다. 그런 행동들은 호르메의 영역 밖에 있기 때문에 아이의 의지의 표현이 아니다. 그것은 우리가 경련을 일으키고 있는 사람의 뒤틀림을 그 사람의 의지의 명령에 따른 행동으로 오해하는 것과 비슷하다.

만약 우리가 아이나 어른의 무질서한 움직임을 의지의 지시에 따른 것으로 여긴다면, 그런 의지는 약화되거나 깨뜨려져야 하고, 그런 아이나 어른을 복종하도록 만들어야 한다고 느끼는 것은 당연한 일이다.

어느 위대한 교육자는 "교육의 핵심은 복종이라는 한 단어로 요약된다."고 말했다. 인간의 논리는 아이를 복종하도록 만들면 그 아이에게 모든 미덕을 가르칠 수 있고, 당연히 아이는 도덕적일 것이라고 설득시키려 들 것이다. 그러나 이 논리를 따른다면, 아이의 근본적인 악이 "불복종"인 것처럼 보일 것이며, 따라서 문제는 해결과 거리가 멀어진다.

다행히도, 그 문제는 해결 불가능한 것이 아니다. 인간의 의지는 무질서나 폭력으로 표현되지 않으며, 그런 것은 고통의 표시이고 위반의 표시일 뿐이다. 그러나 의지의 붕괴는 순간적인 반면에, 의지의 발달은 성장이기 때문에 긴 과정이고, 환경의 도움에 의존한다.

이처럼 의지를 발달시키는 긴 과정은 실을 잣는 것에 비유할 수 있다. 점점 넓어지는 행동 영역에서 활동을 통해 발달하는 의지의 실은 갈수록 더 강해진다. 이 활동을 핵심적인 목적, 예를 들면 식탁을 차리거나 음식을 갖다 주는 목적과 연결시킴으로써, 어린이들의 자유 의지가 지속적으로 동일한 목적으로 향하도록 할 수 있다. 그러면 우리는 의지를 통해 응집력 강한 어떤 사회를 얻게 된다. 이런 사회는 동정을 통해 응집력이 강해진 사회보다 더 탄탄하다. 여기서는 감정이 가장 중요한 것이 아니며, 의지가 곧 응집력이다. 그리고 모두가 똑같은 것을 원하거나 의도하기 때문에, 보기만 해도 신기하기만 한 차분한 행동에서 어떤 연대가 형성된다. 그러나 먼저 각 아이의 내면에서 의지가 발달해야 한다.

나의 첫 번째 학교에서 일어난 놀라운 한 사건이 침묵 수업의 형태로 교육 방법에 실질적인 기여를 했다. 나는 진지하게 작업에 몰두하고 있던 학급으로 들어갔다. 그곳의 아이들은 이미 의지를 발달시킨 아이들이었다. 나는 4개월 된 아기를 안고 45명이 공부하는 교실로 들어갔다. 아기의 두 다리를 천으로 단단하게 감는 것은 이탈리아의 오랜 관습이었다. 그래서 당연히 아기의 두 다리는 고정되어 있었다.

나는 나의 짐, 즉 아기를 아이들에게 보여주면서 이렇게 말했다. "여기 방문객이 있어! 그런데 이 방문객이 얼마나 조용하게 있는지 봐! 너희들은 이렇게 조용히 있지 못하지?" 나는 아이들이 나의 농담에 웃음을 터뜨릴 것이라고 생각했지만, 아이들은 모두 진지해지면서 당장 두 발을 모으며 움직임을 자제했다. 그래서 나는 아이들이 나의 말뜻을 제대로 이해하지 못했다고 생각하면서 이렇게 덧붙였다. "이 방문객이 얼마나 부드럽게 숨을 쉬는지, 너희들은 그렇게 부드럽게 숨을 쉬지 못해. 그건 너희들의 가슴이 더 크기 때문이란다." 나는 이쯤 되면 아이들이 웃을 것이라고 생각했지만, 아이들은 전혀 웃지 않았다. 아이들은 두 발을 움직이지 않았으며, 숨소리가 들리지 않게 숨을 죽이며 모두 나를 진지하게 바라보았다.

그때 나는 "나도 아주 조용히 걷겠지만, 아기가 나보다 더 조용할 거야. 아기는 움직이거나 소리를 내지 않을 거야,"라고 말했다. 나는 아기를 아기 엄마에게 돌려주고 아이들에게로 다시 돌아갔다. 그때까지도 아이들은 움직이지 않고 있었다. 아이들의 얼굴 표정은 "보세요. 선생님은 약간의 소리를 냈지만, 우리는 그 아기만큼 조용할 수 있어요."라고 말하는 것 같았다.

그렇듯 모든 아이들은 똑같은 의지를 갖고 있었고, 모두가 똑같은 것을 하도록 자극을 받았으며, 그 결과 나타난 것이 완벽하게 조용한 45명의 학급이었다. 그때 사람들은 어떻게 하여 이런 경이로운 훈련이 성취되었는지 의아해 했을 것이다. 그때 나의 의도는 아이들이 웃게 만드는 것이었다. 아이들의 침묵이 너무나 놀라웠기 때문에, 나는 "아니, 어떻게 이렇게 조용할 수가!"라고 말했다. 아이들도 마찬가지로 침묵의 소리를 느끼면서 숨소리까지 죽이며 움직이지 않고 있었다. 얼마나 고요했던지, 나는 그 전에 듣지 못했던 것을, 시계가 똑딱거리고 바깥의 수도꼭지에서 물이 떨어지고 파리가 날아다니는 소리를 듣기 시작했다.

이 침묵이 아이들에게 큰 기쁨을 야기했으며, 이 침묵으로부터 우리 학교들의 한 특성이 발달했다. 이런 침묵을 기준으로 아이들의 의지의 강도를 측정할 수 있었고, 침묵을 연습할수록 의지는 더 강해졌고 침묵을 지킬 수 있는 시간도 더 길어졌다.

곧 우리는 아이의 이름을 나직이 부르는 훈련을 더했으며, 아이는 낮은 목소리로 이름이 불리면 소음을 일으키지 않고 왔으며, 그 사이에 다른 아이들은 조용히 자리를 지켰다. 아이가 소리를 내지 않기 위해 조심스럽게 천천히 왔기 때문에, 마지막으로 이름이 불리는 아이는 오랫동안 기다려야 했다. 이 아이들은 대부분의 아이들보다 더 큰 자제력을 보여주었으며, 이때 그 복종을 주고 있는 것은 의지와 억제이다.

나는 아기를 안고 교실로 들어감으로써 의도하지 않게 이 첫 번째 침묵을 야기했지만, 내가 언제나 그런 방문객에 의존할 수는 없었으며 따라서 나는 아이들의 관심을 거듭 일으키길 원했다. 나는 침묵을 유도하는 최선의 방법은 "애들아 조용히 하고 싶지 않니?"라고 묻는 것이라는 사실을 확인할 수 있었다. 그런 식으로 물으면 즉시 아이들 사이에 대단한 열망이 느껴졌으며, 아이들이 침묵하면서 복종한다는 것이 확인되었다.

이미 10년 가까이 아이들을 가르친 어느 선생의 경험은 이 측면에서 흥미롭다. 이 선생은 "저녁에 집에 가기 전에 모든 것을 치워야 해."라는 식으로 미리 지시를 하지 않으려고 신경을 써야 했다. 이유는 그녀의 말이 채 끝나기도 전에, 그러니까 그녀의 말의 의미가 명확히 전달되기도 전에 아이들이 움직이기 시작했기 때문이다.

　모든 지시의 경우에 이와 비슷한 일이 일어났다. 그래서 이 선생은 이 같은 즉시적인 반응 때문에 말을 할 때 책임감을 강하게 느끼지 않을 수 없었다.

　진정한 복종은 발달한 의지의 마지막 단계이다. 그렇기 때문에 의지의 발달만이 복종을 가능하게 하고, 훌륭한 선생은 아이들의 복종을 이용하지 않는 방법을 양심적으로 배우게 된다. 한 사람의 지도자가 느껴야 하는 것은 자신의 자리가 주는 권위가 아니라 책임이다. 7세가 지나면, 아이들은 그런 지도자를 찾을 것이며, 그 나이 전에 아이들은 사회적 유대를 보인다.

　복종의 성장은 세 단계로 이뤄진다.

1. 과제를 실행하는 생리학적 능력. 이 능력이 발달하기 전까지, 아이는 오늘 복종하다가 내일 복종하길 거부할 것이다. 이 경우에 복종하길 거부하는 것은 나쁜 마음에서가 아니라 이 단계의 발달이 완전하지 못하기 때문에 나타나는 현상이다.
2. 자동적으로 항상 복종하는 능력.
3. 기꺼이 복종하려 들고 복종하면서 행복해 할 때 나타나

는 최고 형태의 복종. 어른의 경우에 이런 복종이 매우
드물다.

만약 어떤 아이가 무서워하거나 감정을 악용당하는 상황에
서 선생의 의지를 실천하고 있다면, 그 아이에겐 의지가 전혀
없다. 의지의 억압으로 확보되는 복종이야말로 진짜 억압이다.
학교에서 일어나는 복종은 종종 그런 복종이다. 그러나 훈련의
요체는 발달한 의지로부터 복종을 끌어내는 것이다. 이것은 응
집력 강한 사회에 바탕을 두고 있으며, 조직화된 사회로 가는
첫걸음이다.

이 사회적 유대는 직물의 날실에 비유할 수 있다. 인격의 실
들이 나란히 배열되어 서로 질서를 유지하기 위해 무엇인가에
고정되어 있는 것이 사회적 유대와 비슷하다는 뜻이다. 우리의
경우에 환경이 아이들의 실을 고정시키는 그 무엇이며, 6년이
지나면 또 다른 실이 이 별도의 실들을 안과 밖으로 짜면서 함
께 묶고 조직하기 시작한다.

그 실들은 이런 식으로 함께 엮어지기만 하면 더 이상 지지를
필요로 하지 않는다. 그래서 우리는 사회가 생겨나는 자연스런
과정에 대한 통찰을 얻는다. 사회를 통치와 법에 근거한 것으로

여기는 것이 일반적이지만, 아이들을 대상으로 한 관찰은 잘 발달한 의지를 가진 개인들이 먼저 있고 그 다음에 조직화에 앞서서 그들을 함께 묶을 어떤 소명이 있어야 한다는 점을 보여주고 있다. 먼저 의지의 힘이 필요하고, 그 다음에 감정에 의한 결합이 일어나고, 마지막으로 의지에 의한 결합이 이뤄지는 것이다.

13장

몬테소리 선생은
어떤 존재가 되어야 하는가?

몬테소리 방법에 대한 판단이 피상적인 경우가 너무나 잦다. 그러다 보니 몬테소리 선생에게 요구되는 것은 거의 없다는 소리까지 들린다. 몬테소리 선생이 아이를 간섭하는 것을 최대한 자제하면서 아이들이 스스로 활동하도록 내버려둬야 하니, 겉만 보는 사람들에겐 그렇게 비칠지도 모른다.

그러나 아이들에게 가르쳐야 할 자료의 양과 그것들을 제시하는 순서와 세부사항 등을 고려한다면, 선생의 임무는 능동적이고 복잡해진다. 일반 선생이 적극적인 곳에서 몬테소리 선생이 수동적인 것은 아니다. 오히려 우리가 묘사한 모든 행위들은 선생의 능동적인 준비와 안내 때문에 가능하다.

훗날 나타나는 몬테소리 선생의 "수동성"은 선생의 가르침이 성공하고 있다는 점을 뒷받침하는 증거이다. 선생의 임무가 성공적으로 성취되고 있다는 것을 보여주는 신호인 것이다. "내가 있든 없든 상관없이 수업은 계속 진행된다. 아이들의 집단이 독립을 성취했다."고 말할 수 있는 단계까지 학급을 끌고 간 선생은 틀림없이 축복받은 사람이다. 이 성공의 단계까지 이르기 위해서 선생이 밟아야 할 발달의 과정이 있다.

일반 선생을 몬테소리 선생으로 바꾸는 것은 불가능하며, 몬테소리 선생은 스스로 교육학적 편견을 벗어던지고 새롭게 창조되어야 한다. 첫 걸음은 상상력을 준비하는 것이다. 왜냐하면 몬테소리 선생은 아직 존재하지 않고 있는 어떤 아이를 시각화해야 하기 때문이다. 다시 말하면, 몬테소리 선생은 일을 통해서 스스로를 드러낼 아이에 대한 믿음을 가질 수 있어야 한다는 뜻이다.

다양한 유형의 일탈한 아이들은 다른 어떤 유형의 아이를 머릿속에서 보고 있는 몬테소리 선생의 믿음을 흔들어놓지 못한다. 이 선생은 아이가 재미있는 일에 끌리며 거기에 빠져들 때 그런 유형의 아이로 변할 것이라고 확신하고 있다.

이 일에는 3개의 발달 단계가 있다.

1. 환경의 수호자와 보호자로서, 선생은 환경으로부터 치료가 나올 것이라는 점을 잘 알고 있으면서 문제 아이가 야기하는 어려움들에 신경 쓰지 않고 이 일에 집중한다. 거기에 아이의 의지를 활성화시키는 매력이 있다.

가르치는 데 동원되는 도구는 언제나 아름다워야 한다. 반짝이고, 수선이 제대로 된 상태여야 하며, 빠진 부분이 하나도 없어야 한다. 그래야만 도구가 아이에게 새롭게 보이고, 완전하며, 사용할 준비를 갖추게 된다.

선생도 환경의 일부로서 매력적이어야 하고, 젊고 아름다운 것이 바람직하며, 옷도 매력적으로 입고, 청결한 향기를 풍기고, 행복하고, 우아하고 품위가 있어야 한다. 이것은 이상이고 언제나 그럴 수는 없겠지만, 아이 앞에 서는 선생은 아이들이 이해와 존경을 받아야 하는 위대한 시민들이라는 점을 기억해야 한다. 선생은 자신의 움직임을 연구하면서 동작을 최대한 우아하고 점잖게 해야 한다. 그러면 아이는 선생을 당연히 아름다움의 이상(理想)인 자기 엄마만큼 아름다운 존재로 생각하면서 무의식적으로 선생에게 경의를 표할 것이다.

2. 두 번째 단계에서 선생은 여전히 무질서한 아이들을, 지향

없이 떠돌아다니는 정신들을 다뤄야 한다. 이 정신들을 어떤 일에 집중하도록 해야 하는 것이다. 선생은 아이의 마음을 사로잡을 필요가 있으며, 아이들의 관심을 끌기 위해서라면 몽둥이를 제외하곤 어떤 장치라도 이용할 수 있다.

선생은 자신이 좋아하는 것을 다소 할 수 있다. 왜냐하면 아직까지는 선생이 간섭을 통해서 매우 중요한 것을 전혀 망가뜨리지 않았고, 그래서 활동을 암시하는 쾌활한 태도가 가장 필요하기 때문이다. 다른 아이들을 지속적으로 괴롭히는 아이들은 그런 행동을 하지 않도록 막아야 한다. 그런 행위는 사이클의 완성을 필요로 하는 그런 성격의 행위가 아니기 때문이다.

3. 아이들의 관심이 일깨워지기만 하면, 선생은 뒤로 물러나면서 아이를 간섭하지 않도록 특별히 신경을 써야 한다. 어떤 일이 있어도 아이를 간섭하는 일은 없어야 한다.

이 부분에서 실수가 종종 저질러진다. 예를 들면, 지금까지 버릇없이 굴다가 마침내 어떤 일에 집중하고 있는 아이 옆을 지나치면서 그 아이를 격려한다는 생각에서 "잘 했어!"라고 칭찬하는 것이 있다. 좋은 뜻에서 하는 이런 말도 아이에게 피해를 입히기에 충분하다. 아이가 몇 주일 동안 그 일을 다시는 거들떠보지 않을 수도 있으니 말이다.

다시 말하지만, 아이가 어떤 곤경에 처해 있다면, 선생은 그 아이에게 그것을 극복하는 법을 직접 보여줘서는 안 된다. 그런 식으로 접근하면 아이는 관심을 잃어버리고 만다. 아이에게 중요한 것이 과제 자체가 아니라 바로 그 어려움을 정복해가는 과정이기 때문이다.

자기 몸에 비해 지나치게 무거운 것을 들어 올리고 있는 아이는 도움을 원하지 않는다. 아이가 어쩌다가 선생이 자신을 지켜보고 있다는 사실을 확인하는 것도 그 아이가 일을 멈추게 하기에 충분하다. 집중이 나타나기만 하면, 마치 아이가 거기에 존재하지 않는 것처럼, 선생은 관심을 전혀 주지 말아야 한다. 적어도 아이가 선생의 관심을 꽤 느끼지 않을 수 있어야 한다.

두 어린이가 똑같은 도구를 서로 가지려 할 때조차도, 선생의 도움을 요청하지 않는 한, 아이들이 스스로 문제를 해결하도록 가만 내버려 둬야 한다. 선생의 의무는 단지 아이가 어떤 도구의 가능성을 다 탐구하고 나면 다른 새로운 도구를 제시하는 것이다. 집중을 요구하는 어떤 일을 한 아이는 칭찬을 듣기 위해 그것을 선생에게 보여주려 할 수 있다. 그럴 때면 아이는 진정으로 칭찬의 소리를 들을 수 있어야 한다. "아니 어쩌면 이렇게 아름다울 수 있니!" 선생은 성취의 꽃을 놓고 아이와 함께 기뻐해야 한다.

　몬테소리 선생은 아이의 육체의 하인이 아니다. 아이를 씻기
거나, 옷을 입히거나, 음식을 먹여주지 않는다는 뜻이다. 몬테
소리 선생들은 아이가 독립을 발달시키면서 이런 것들을 직접
할 필요가 있다는 것을 알고 있다.

　우리는 아이가 행동도 홀로 하고, 뜻도 홀로 품고, 생각도 홀
로 하도록 도와야 한다. 이것은 정신에 도움이 되기를 원하는
사람들의 기술이다. 선생의 믿음에 화답하면서 아이의 정신이
나타나는 것을 환영하는 것은 선생의 큰 기쁨이다. 선생이 고대
했던 아이가 바로 거기에 나타난 것이다. 지칠 줄 모르고 일하
는 아이, 최대한의 노력을 추구하는 아이, 다른 아이들의 독립
을 존중하는 법을 아는 가운데 약한 아이를 도우려 하는 아이,
그러니까 진정한 아이가 선생의 앞에 나타나는 것이다.

　따라서 몬테소리 선생들은 어린 시절의 비밀을 꿰뚫고 있으
며, 어린이들의 삶의 피상적인 사실들만을 알게 되는 일반 선생
들의 지식보다 훨씬 더 탁월한 지식을 갖고 있다. 몬테소리 선
생은 아이의 비밀을 아는 가운데 아이를 더 깊이 사랑하고, 아
마 사랑이 진정으로 어떤 것인지를 처음으로 이해하게 될 것이
다. 그것은 포옹으로 표현되는 개인적인 사랑과는 다른 차원의

사랑이다. 그 차원의 차이는 자신의 정신을 드러내 보임으로써 선생을 깊이 감동시킨 아이들이 만들어낸 것이다. 아이가 정신의 표현을 통해서 선생을 그때까지 모르고 있었던 새로운 차원으로 끌어올린 것이다.

이제 선생은 그 차원에 있으면서 행복을 느끼고 있다. 예전에 선생의 행복은 아마 월급을 최대한으로 높이는 한편으로 일을 적게 하는 것이었다. 그런 가운데서 선생은 힘과 영향력을 행사하는 일에서도 어느 정도의 만족을 느꼈으며, 선생의 희망은 교장이 되는 것이었다.

그러나 거기엔 진정한 행복은 전혀 없다. 몬테소리 선생은 아이가 줄 수 있는 보다 큰 정신적 행복을 느끼기 위해서 그 모든 것을 버릴 준비가 되어 있다. "천국은 그런 아이의 것이니까."